My Mallarmé is rich

Mallarmé et le monde anglo-saxon

Ouvrage réalisé sous la direction de Somogy éditions d'art

Conception graphique : Alessandra Scarpa
Contribution éditoriale : Marion Lacroix
Fabrication : Michel Brousset et Béatrice Bourgerie
Suivi éditorial : Lydia Labadi assistée de Marie Huet

ISBN 2-85056-997-6
Dépôt légal : septembre 2006
Imprimé en Italie (Union européenne)

My Mallarmé is rich

Mallarmé et le monde anglo-saxon

SOMOGY
ÉDITIONS D'ART

Musée départemental
Stéphane Mallarmé

Avant-propos

Toutes les biographies de Stéphane Mallarmé, même les plus succinctes, indiquent que le poète, pour subvenir à ses besoins et à ceux de sa famille, enseignait l'anglais. Elles ajoutent généralement que Mallarmé lui-même a expliqué avoir appris cette langue « pour mieux lire Poe ».

L'exposition *My Mallarmé is rich. Mallarmé et le monde anglo-saxon,* organisée par le Conseil général de Seine-et-Marne, a pour objectif de valoriser la richesse des relations que le poète entretenait non seulement avec la langue anglaise, mais aussi avec les écrivains et les artistes de Grande-Bretagne, des États-Unis et d'Australie : un Mallarmé anglophone mais également anglophile.

Elle fait découvrir de surcroît que cet engouement a été et demeure réciproque car, depuis plus d'un siècle, des admirateurs anglo-saxons s'ingénient à le faire connaître dans leurs pays par l'étude et la traduction.

L'exposition présentée au musée départemental Stéphane Mallarmé du 23 septembre au 23 décembre 2006 est l'occasion pour les nombreux anglophones qui résident ou séjournent en Seine-et-Marne, région à laquelle le poète était attaché, de découvrir les liens qui l'unissaient aux régions d'outre-Manche et d'outre-Atlantique ; pour les jeunes Seine-et-Marnais qui s'initient à la langue de Swinburne et d'Edgar Poe de se perfectionner dans cette discipline grâce aux méthodes originales du poète-pédagogue.

Plus largement, c'est pour le public un moment inédit de découverte de la popularité passée et actuelle de cet artiste dans le monde anglo-saxon.

Lionel Walker
Vice-président du Conseil général de Seine-et-Marne,
chargé du Tourisme et des Loisirs, des Musées et du Patrimoine

Vincent Eblé
Président du Conseil général de Seine-et-Marne

Sommaire

My Mallarmé is rich
Mallarmé et le monde anglo-saxon 8
Hervé Joubeaux
Conservateur en chef du patrimoine, musée départemental Stéphane Mallarmé, Vulaines-sur-Seine

La traduction comme modèle de l'activité poétique mallarméenne 31
Hubert Aupetit
Professeur de lettres en première supérieure au lycée Louis-le-Grand, Paris

Mallarmé et Whistler : une amitié rare 58
Mary Ann Caws
Distinguished Professor of English, French and Comparative Literature at the Graduate School, City University of New York

« Pour mieux lire Mallarmé… » 64
Marshall C. Olds
Willa Cather Professor and Professor of Modern Languages, University of Nebraska à Lincoln (États-Unis)

Bibliographie 76

Remerciements 79

My Mallarmé is rich

Mallarmé et le monde anglo-saxon

Hervé JOUBEAUX

« Ayant appris l'anglais simplement pour mieux lire Poe, je suis parti à vingt ans en Angleterre, afin de fuir principalement ; mais aussi pour parler la langue, et l'enseigner dans un coin, tranquille et sans autre gagne-pain obligé [1]. » Mallarmé résume ainsi dans une célèbre lettre à Verlaine ses rapports avec l'Angleterre et son intérêt pour la langue anglaise.

Qui se penche sur la vie et sur l'œuvre du poète perçoit bien vite que ses relations avec le monde anglo-saxon ont été nombreuses, riches et complexes. Elles comprennent des aspects très positifs, en particulier à travers le plaisir que lui procure la connaissance de cette langue qui lui permet de lire les écrivains d'outre-Manche et d'outre-Atlantique, au premier rang desquels il faut bien sûr placer Edgar Poe, dont il a traduit l'œuvre poétique. Elle lui permet aussi de nouer avec des correspondants anglais ou américains des relations épistolaires et, avec ceux qu'il rencontre lors de ses voyages à Londres ou qui viennent séjourner ou s'établir en France, des relations personnelles qui peuvent aller jusqu'à une profonde amitié, comme c'est le cas avec le peintre Whistler à partir de 1888. Mais l'anglais, c'est également pour Mallarmé le pensum quotidien de l'enseignement qui, comme les travaux de traduction, tiennent davantage de la nécessité alimentaire que de la vocation.

Page de droite :
Edgar Poe, *Le Corbeau.*
Traduction française par Stéphane Mallarmé,
avec illustrations par Édouard Manet.
Paris, Richard Lesclide, éditeur, 1875.
Édition originale. Vulaines-sur-Seine, musée départemental Stéphane Mallarmé.

[1] *Corr.*, II, p. 301.

Si Mallarmé s'intéresse toute sa vie aux pays anglophones, à leur langue et à leurs habitants, cet intérêt est largement réciproque. De son vivant, nombre d'Anglais et d'Américains font partie du cercle de ses admirateurs et lui adressent en hommage lettres d'admiration et ouvrages dédicacés. Certains s'essayent même à traduire dans leur idiome celui que Jules Renard, en un malicieux aphorisme, considérait pourtant comme intraduisible, même en français. Tout au long du XXe siècle, chercheurs et étudiants anglais, américains ou australiens, le plus souvent parfaitement francophones, ont multiplié les publications et les colloques sur l'œuvre du poète français, qui n'atteint sans doute que quelques *happy few*, mais fidèles parmi les fidèles.

Page de droite : *The Works of Lord Byron including the Suppressed Poems.* Complete in one volume. Paris, published by A. and W. Galignani, n° 18 rue Vivienne, 1826. Exemplaire de Stéphane Mallarmé portant son ex-libris. Vulaines-sur-Seine, musée départemental Stéphane Mallarmé.

Mallarmé anglophone : étudiant, voyageur, enseignant, traducteur

Les études anglaises de Mallarmé

Les premiers contacts de Mallarmé avec la langue anglaise ont été précoces, favorisés semble-t-il par la familiarité de son père avec cet idiome [2]. Ses progrès dans cette discipline sont suffisants pour que, dans le cadre d'un parcours scolaire pour le moins chaotique, il obtienne un prix de langue anglaise à la fin de l'année 1858 [3].

Dans une série de lettres adressées à son grand-père maternel, André Desmolins, en janvier 1862, Mallarmé, à deux mois de son vingtième anniversaire, expose un plan de carrière dont le premier objectif est d'échapper à l'administration de l'Enregistrement où, après son aïeul et son père, il est entré comme agent surnuméraire en décembre 1860. Son objectif est l'université : d'abord l'examen permettant l'enseignement de l'anglais, puis la licence, enfin le doctorat qui serait consacré à un auteur étranger [4]. Le proviseur du lycée de Sens, dont il se fait fort d'obtenir la protection, l'encouragerait à étudier l'anglais une année encore avant d'aller un an en Angleterre enseigner le français puis de suivre son projet universitaire [5]. Les lettres suivantes laissent supposer qu'il n'a guère convaincu son grand-père. Pour autant, Mallarmé ne renonce pas totalement à son projet, mais il ne pourra, loin s'en faut, le mener à son terme.

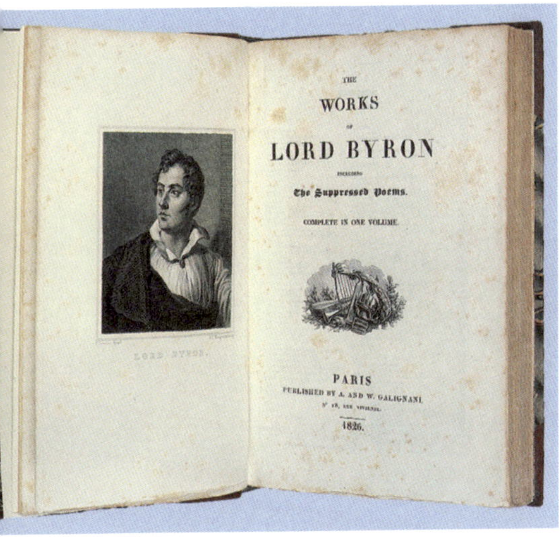

S'il part dès novembre 1862 à Londres, il y vit jusqu'à la fin de l'été suivant dans des conditions fort précaires et si ce séjour lui permet vraisemblablement d'améliorer sa pratique de la langue, il a pu, au mieux, donner quelques leçons de français, mais n'a certainement pas assuré un enseignement régulier. C'est en septembre 1863 qu'il obtient le certificat d'aptitude à l'enseignement de l'anglais et il est nommé dès le mois de novembre professeur d'anglais suppléant au lycée impérial de Tournon, sous-préfecture de l'Ardèche. Cette entrée dans une vie active modeste et provinciale met fin définitivement aux ambitions universitaires : en 1869, quelques velléités de préparer un doctorat ne concernent plus la langue anglaise, mais le langage en général, et n'aboutiront pas davantage [6].

[2] Steinmetz, 1998, p. 29.
[3] *Ibid.*, p. 37.
[4] Lettre du 17 janvier 1862, *Corr.*, I, pp. 15-16.
[5] Lettre du 26 janvier 1862, *Corr.*, I, pp. 16-17.
[6] Steinmetz, 1998, pp. 128-130.

Quel est alors le niveau de connaissance de la langue anglaise du tout jeune professeur ? Le certificat d'aptitude à l'enseignement de la langue n'était somme toute qu'un bien léger bagage (obtenu qui plus est avec un rang bien médiocre : neuvième sur dix candidats) [7]. Nous verrons en évoquant Mallarmé dans ses activités d'enseignant, de traducteur ou de conférencier que les indices permettant d'évaluer sa connaissance de la langue anglaise sont multiples mais souvent contradictoires. Contentons-nous pour l'instant d'un regard sur la bibliothèque anglaise du poète : plusieurs ouvrages – poésies de Shelley et de Byron, théâtre de Shakespeare, romans des sœurs Brontë – portant le modeste ex-libris manuscrit de Mallarmé et des dates s'échelonnant de 1860 à 1894 témoignent d'une capacité de lecture de textes complexes et de l'intérêt du propriétaire pour les grandes œuvres classiques de la littérature anglaise.

[7] Steinmetz, 1998, p. 76.

Les voyages en Angleterre

Les voyages de jeunesse à Londres

Mallarmé n'eut qu'une connaissance limitée des pays d'expression anglaise. Il ne se rendit jamais aux États-Unis ni en Australie, pays dans lesquels résidaient pourtant plusieurs de ses correspondants, ou dans quelque autre pays du Commonwealth. De la Grande-Bretagne, il n'a connu que Londres et Bradford-on-Avon dans le Wiltshire (à l'occasion d'un séjour chez son ami Bonaparte-Wyse), au cours de quatre voyages effectués entre 1862 et 1875, puis Oxford et Cambridge lors de sa tournée de conférences de 1894.

Le premier séjour de Mallarmé à Londres, entre novembre 1862 et l'été 1863, s'apparente davantage à une fugue et à un enlèvement qu'à un voyage d'étude tel qu'il l'annonçait à son grand-père quelques mois plus tôt. La rencontre de Marie Gerhard, gouvernante dans une famille sénonaise, de laquelle il s'éprend dans le courant de l'année 1862, est déterminante dans ce départ : son amour pour cette femme de condition modeste et de sept ans son aînée

Certificat d'aptitude à l'enseignement de la langue anglaise au nom de Stéphane Mallarmé, délivré à Paris le 15 septembre 1863.
Vulaines-sur-Seine, musée départemental Stéphane Mallarmé.

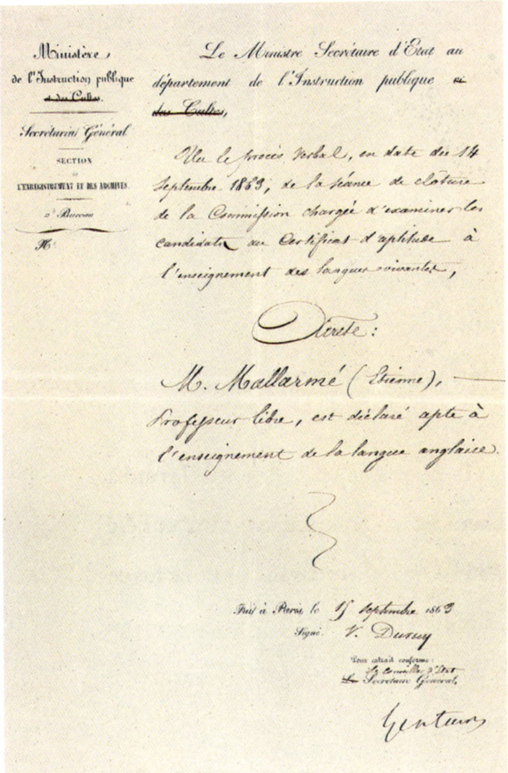
Ministère de l'Instruction publique ~~et des Cultes.~~
Secrétariat Général
SECTION de L'ENREGISTREMENT ET DES ARCHIVES
2e Bureau
N°

Le Ministre Secrétaire d'État au département de l'Instruction publique ~~et des Cultes~~,

Vu le procès verbal, en date du 14 septembre 1863, de la séance de clôture de la Commission chargée d'examiner les candidats au Certificat d'aptitude à l'enseignement des langues vivantes,

Arrête :

M. Mallarmé (Étienne), professeur libre, est déclaré apte à l'enseignement de la langue anglaise.

Fait à Paris, le 15 septembre 1863
Signé. V. Duruy

Pour extrait conforme :
Le Conseiller d'État
~~Le~~ Secrétaire Général,
Genteur

est certainement mal accepté par l'entourage de ce jeune homme de vingt ans. Il la convainc de l'accompagner à Londres. Ce séjour dans des conditions matérielles précaires (sa famille lui avait alloué une modeste pension, si l'on en croit une lettre à son ami Henri Cazalis [8]) et surtout dans une situation inconfortable au regard de la morale en vigueur (une liaison maritale entre un garçon mineur et une femme plus âgée) laisse une impression de malaise. Marie, en proie aux scrupules et aux remords, rentre en France dès janvier 1863, retourne à Londres en février, retraverse la Manche en mars, suivie de peu par Stéphane. La majorité du poète en mars, la mort de son père en avril, l'obtention du certificat d'aptitude à l'enseignement en septembre dénouent progressivement cette situation délicate : ayant épousé Marie à l'église catholique de l'Oratoire à Kensington,

[8] *Corr.*, I, pp. 75-76.

près de Londres, en août, Mallarmé s'installe avec elle à la fin de 1863 à Tournon, dans l'Ardèche, où l'attend son premier poste d'enseignant.

Après huit années d'enseignement, qui lui apportent beaucoup de tourments et de déconvenues pour bien peu de satisfactions, c'est de nouveau à Londres que Mallarmé va chercher en août 1871 des moyens de subsistance qui lui permettraient d'échapper aux contraintes de l'Instruction publique. Mais les trois articles sur l'Exposition internationale de Londres, signés du pseudonyme L. S. Price, qu'il parvient à placer et qui paraîtront dans les numéros du *National* du 29 octobre du 14 et du 29 novembre 1871, ont dû constituer de bien maigres ressources. Dès la rentrée scolaire, Mallarmé reprend le chemin du lycée, avec la consolation d'en avoir fini avec l'exil provincial au profit d'un établissement parisien qui lui permet au moins de renouer avec les milieux littéraires et artistiques de la capitale. Il semble que Mallarmé retourne à Londres en mai puis en juillet 1872, de nouveau pour rendre compte de l'Exposition internationale, cette fois à la demande du *Petit Moniteur universel,* mais ce voyage ne paraît avoir donné lieu à aucun article publié [9]. Le dernier voyage de Mallarmé à Londres a lieu pendant l'été de 1875. Il y rencontre le poète Arthur O'Shaughnessy qui va lui permettre de publier dans l'*Athenaeum* de Londres une série de « Gossips » (littéralement « causeries ») qui paraissent dans treize livraisons entre le 23 octobre 1875 et le 1er avril 1876. C'est également à l'issue de ce dernier séjour que Mallarmé propose au *Gaulois* une série d'articles regroupant des souvenirs littéraires sur les principaux poètes anglais contemporains, mais ce projet reste sans suite.

[9] Lettre à Claudius Popelin, *Corr.*, II, pp. 372-373 et notes.

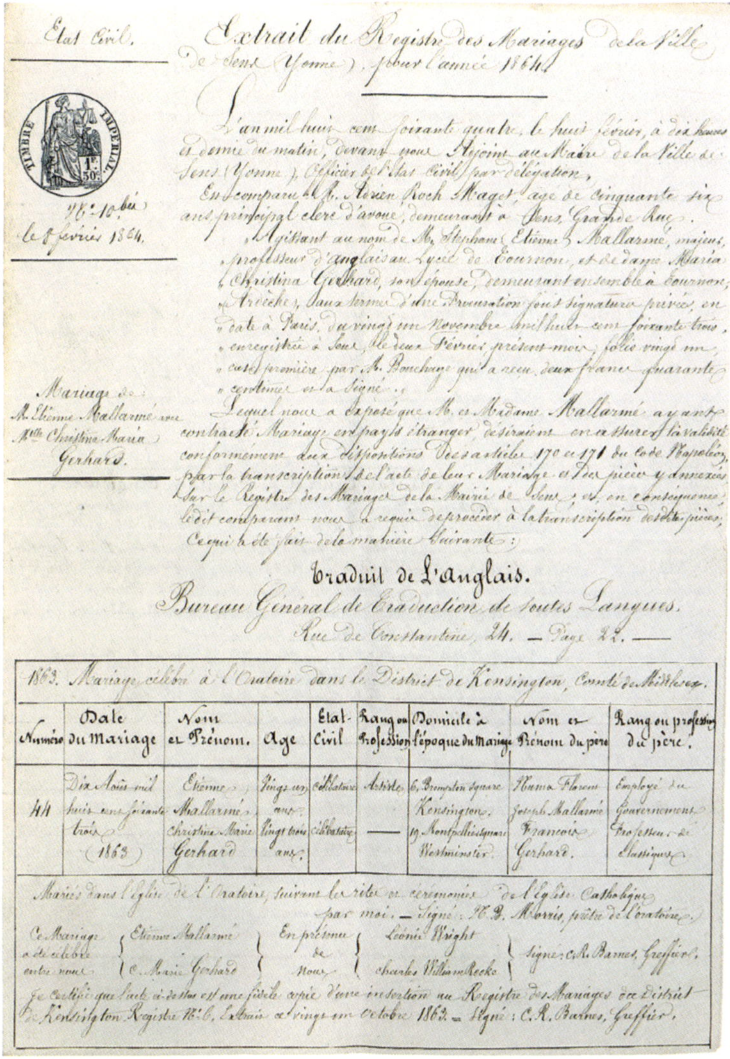
État Civil.

Extrait du Registre des Mariages de la Ville de Sens (Yonne), pour l'année 1864.

N° 10 bis
le 8 février 1864.

L'an mil huit cent soixante quatre, le huit février, à dix heures et demie du matin, devant nous Adjoint au Maire de la Ville de Sens (Yonne), Officier de l'État Civil par délégation,
Est comparu M. Adrien Roch Maget, âgé de cinquante six ans, principal clerc d'avoué, demeurant à Sens, Grande Rue.
Agissant au nom de M. Stéphane Étienne Mallarmé, majeur, professeur d'anglais au Lycée de Tournon, et de dame Maria Christina Gerhard, son épouse, demeurant ensemble à Tournon, Ardèche, aux termes d'une Procuration sous signature privée, en date à Paris, du vingt un Novembre mil huit cent soixante trois, enregistrée à Sens, le deux Février présent mois, folio vingt un, case première par M. Bouchage qui a reçu deux francs quarante centimes et a signé.

Mariage de M. Étienne Mallarmé avec Mlle Christina Maria Gerhard.

Lequel nous a déposé que M. et Madame Mallarmé ayant contracté Mariage en pays étranger désiraient en assurer la validité conformément aux dispositions des articles 170 et 171 du Code Napoléon, par la transcription de l'acte de leur Mariage et des pièces y annexées sur le Registre des Mariages de la Mairie de Sens ; et, en conséquence, ledit comparant nous a requis de procéder à la transcription desdites pièces ; Ce qui a été fait de la manière suivante :

Traduit de l'Anglais.
Bureau Général de Traduction de toutes Langues.
Rue de Constantine, 24. — Page 22. —

1863. Mariage célébré à l'Oratoire dans le District de Kensington, Comté de Middlesex.

Numéro	Date du Mariage	Nom et Prénom.	Age	État-Civil	Rang ou Profession	Domicile à l'époque du Mariage	Nom et Prénom du père	Rang ou profession du père.
44	Dix Août mil huit cent soixante trois (1863)	Étienne Mallarmé	Vingt un ans	Célibataire	Artiste	6, Brompton Square Kensington	Numa Florent Joseph Mallarmé	Employé du Gouvernement
		Christine Marie Gerhard	Vingt trois ans	Célibataire	—	19, Montpellier Square Westminster	François Gerhard	Professeur de Classiques

Mariés dans l'Église de l'Oratoire, suivant les rites et cérémonies de l'Église Catholique par moi. — Signé : H. B. Morris, prêtre de l'oratoire.
Ce Mariage a été célébré entre nous { Étienne Mallarmé / C. Marie Gerhard } En présence de nous { Léonie Wright / Charles William Recke } Signé : C. R. Barnes, Greffier.
Je certifie que l'acte ci-dessus est une fidèle copie d'une insertion au Registre des Mariages du District de Kensington Registre N° 6. Extrait ce vingt un Octobre 1863. — Signé : C. R. Barnes, Greffier.

Extrait du registre des mariages de la ville de Sens attestant des démarches effectuées par les Mallarmé pour légaliser leur mariage du 10 août 1863 à Londres. Sens, 8 et 19 février 1864.
Vulaines-sur-Seine, musée départemental Stéphane Mallarmé.

Les conférences de 1894

Presque vingt ans plus tard, c'est une invitation qui amène Mallarmé à traverser de nouveau la Manche. Un échange de correspondance avec Charles Bonnier, professeur de français à Oxford, prépare, dès 1892, ce voyage. Bonnier avait trouvé dans l'article que Mallarmé avait publié dans le *National Observer* du 26 mars 1892, sous le titre « Vers et prose en France », des réflexions proches de celles qu'il développait lui-même sur le vers libre [10].

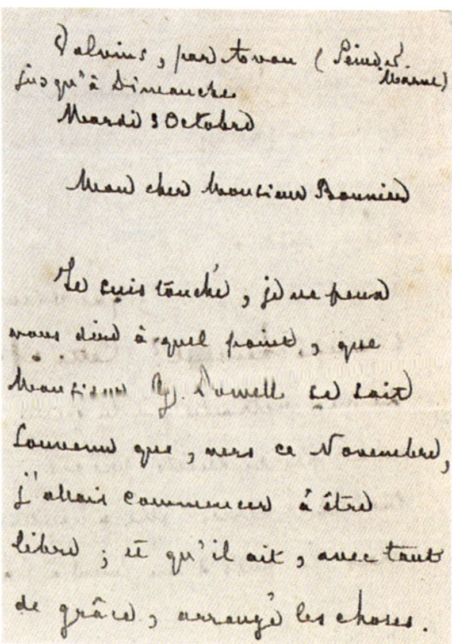
Valvins, par Avon (Seine-et-Marne)
jusqu'à Dimanche
Mardi 3 Octobre

Mon cher Monsieur Bonnier

Je suis touché, je ne peux vous dire à quel point, que Monsieur Y. Powell se soit souvenu que, vers ce Novembre, j'allais commencer à être libre ; et qu'il ait, avec tant de grâce, arrangé les choses.

L'invitation à venir prononcer à Oxford une conférence, qui sera intitulée *La Musique et les lettres,* est adressée dès 1893 à Mallarmé par Frederick York Powell, professeur à l'université d'Oxford, qui organisait régulièrement des conférences par des artistes et écrivains de langue française, parmi lesquels on trouve plusieurs proches de Mallarmé : Verlaine, Rodin ou Verhaeren [11]. Mais, préoccupé par la difficulté d'obtenir la mise à la

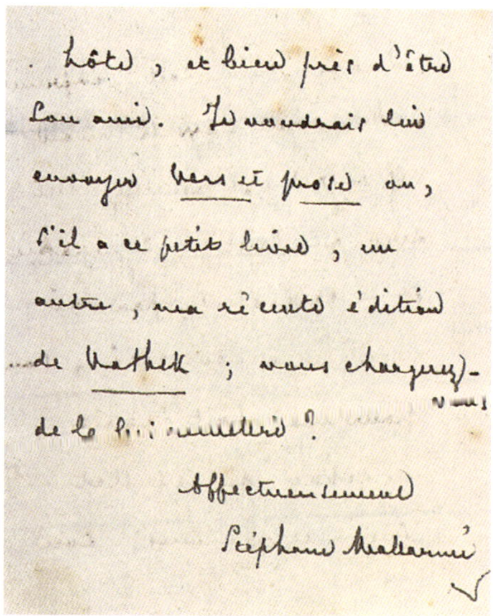
hôte, et bien près d'être son ami. Je voudrais lui envoyer Vers et prose ou, s'il a ce petit livre, un autre, ma récente édition de Vathek ; vous chargerez-vous de la lui remettre ?

Affectueusement
Stéphane Mallarmé

Lettre de Stéphane Mallarmé à Charles Bonnier du 3 octobre [1893] au sujet de la conférence qu'il est invité à donner à Oxford. Vulaines-sur-Seine, musée départemental Stéphane Mallarmé.

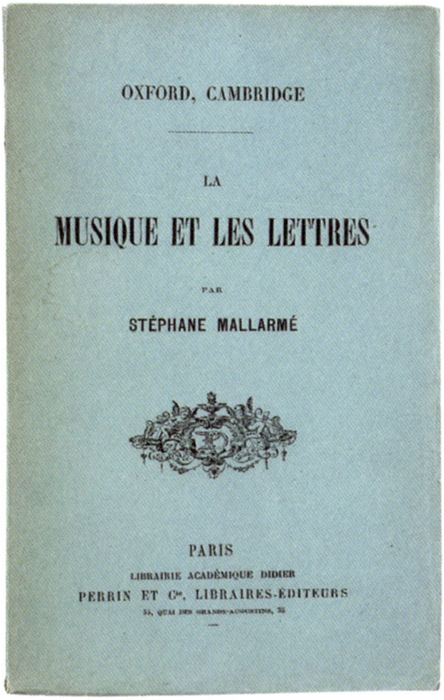

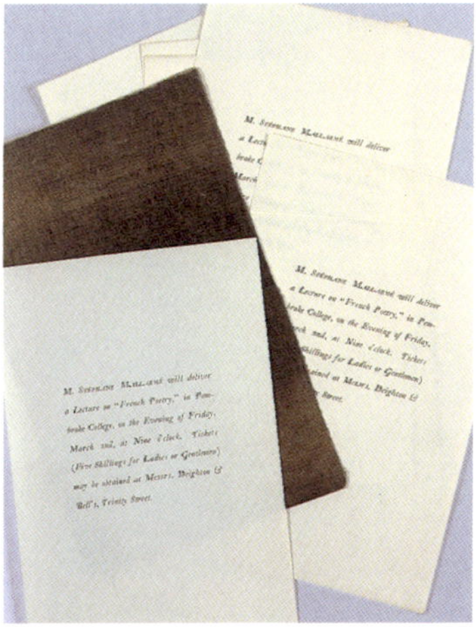

À gauche :
Stéphane Mallarmé, *La Musique et les lettres.* Paris, Librairie académique Didier, Perrin et Cie, libraires-éditeurs, 1895. Édition originale. Vulaines-sur-Seine, musée départemental Stéphane Mallarmé.

À droite :
Annonce de la conférence donnée par Stéphane Mallarmé à Oxford le 2 mars 1894. Vulaines-sur-Seine, musée départemental Stéphane Mallarmé.

retraite anticipée qu'il avait sollicitée, Mallarmé doit différer son voyage jusqu'à la fin du mois de février 1894.

Il est intéressant de noter que Mallarmé, craignant manifestement que son accent ne soit pas satisfaisant, n'a pas souhaité donner lui-même sa conférence en anglais. C'est le professeur Powell qui la lit en anglais le 28 février, tandis que Mallarmé la reprend lui-même en français le lendemain, devant un public dont il paraît bien avoir surestimé la capacité de compréhension [12]. Même l'indulgent Mondor en convient : « Toute la conférence est d'un ton fort relevé ; elle exige d'un Français, fût-il entraîné, une lecture lente. Pour des Anglais, même peu nombreux et attentifs,

[10] *Corr.*, V, pp. 146-147 et notes.
[11] *Corr.*, VI, p. 175, note 2.
[12] Steinmetz, 1998, p. 386.

l'épreuve doit être sévère [13]. » La conférence redonnée à Cambridge le 2 mars, à l'instigation de Charles Whibley, qui deviendra l'année suivante le beau-frère de Whistler, grand ami de Mallarmé, apportera à l'orateur une tout autre satisfaction : « Nulle conférence ne m'a valu, et ne me rendra, cette émotion de rareté et de beauté : cela ne se rêvait pas. Ces vingt auditeurs, dont deux dames, une élite absolue, je ne puis dire amicale sans ajouter discrète. Été écouté religieusement, senti la sympathie entre chaque mot par moi dit, et une intelligence [14]. » Ce dernier voyage outre-Manche s'achève donc sur un profond sentiment de satisfaction.

L'enseignement de l'anglais

Les différents postes

Le premier poste confié à Mallarmé constitue un véritable exil : Tournon, ville au riche passé historique, n'est dans les années 1860 qu'une sous-préfecture de l'Ardèche balayée par le mistral, bien loin de Sens et de Versailles où se trouvent ses attaches familiales, si loin de Paris surtout où pouvait s'épanouir la vie intellectuelle dont rêvait le jeune poète. Le traitement de l'enseignant débutant est modeste, les conditions de vie sont austères et ennuyeuses malgré quelques relations cordiales qui s'établissent avec des collègues ou parents d'élèves. Très vite, le professorat pèse à Mallarmé : il a le sentiment qu'il lui vole le temps qu'il voudrait consacrer à la poésie. Quelques éclaircies dans cette vie qui le mène à une profonde dépression : la publication de plusieurs poèmes dans des revues généralement confidentielles, la nomination à Avignon de son ami Emmanuel des Essarts, qui va le mettre en relation avec les principaux félibres, en particulier Aubanel et Roumanille, avec lesquels s'établissent des rapports chaleureux en dépit d'une quête poétique bien différente.

[13] Mondor, 1941, p. 381.

[14] Lettre à Marie et Geneviève Mallarmé du 3 mars 1894, *Corr.*, VI, p. 236.

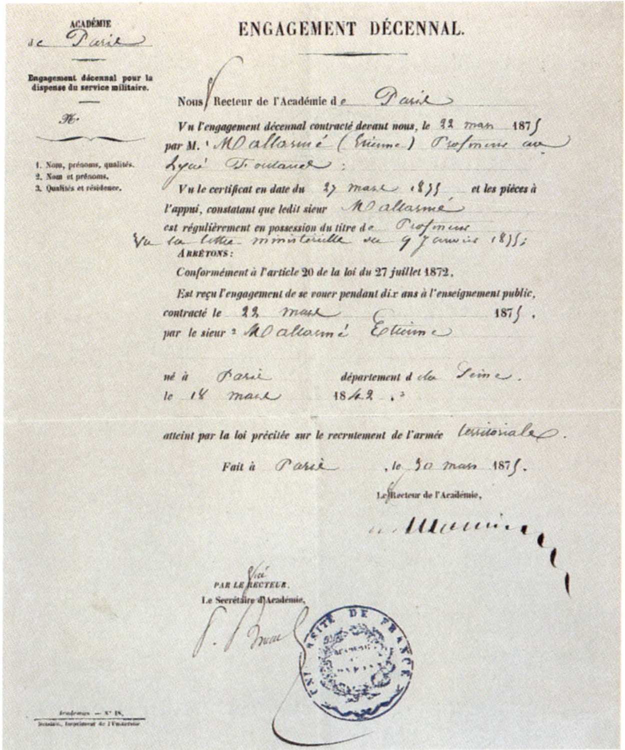

ACADÉMIE
de Paris

Engagement décennal pour la dispense du service militaire.

N°

1. Nom, prénoms, qualités.
2. Nom et prénoms.
3. Qualités et résidence.

ENGAGEMENT DÉCENNAL.

Nous, Recteur de l'Académie de Paris

Vu l'engagement décennal contracté devant nous, le 22 mars 1875
par M. [1] Mallarmé (Etienne) Professeur au Lycée Fontanes ;

Vu le certificat en date du 27 mars 1875 *et les pièces à l'appui, constatant que ledit sieur* Mallarmé
est régulièrement en possession du titre de Professeur
Vu la lettre ministérielle du 9 janvier 1875 ;

ARRÊTONS :

Conformément à l'article 20 de la loi du 27 juillet 1872,

Est reçu l'engagement de se vouer pendant dix ans à l'enseignement public,
contracté le 22 mars 1875,
par le sieur [2] Mallarmé Etienne

né à Paris *département* de la Seine.
le 18 mars 1842. [3]

atteint par la loi précitée sur le recrutement de l'armée territoriale.

Fait à Paris, *le* 30 mars 1875.

Le Recteur de l'Académie,

Vu
PAR LE RECTEUR.
Le Secrétaire d'Académie,

UNIVERSITÉ DE FRANCE

Engagement décennal de Stéphane Mallarmé pour l'enseignement public, 30 mars 1875.
Vulaines-sur-Seine, musée départemental Stéphane Mallarmé.

En 1866, la publication dans la livraison du 12 mai du *Parnasse contemporain* de plusieurs poèmes, qui deviendront parmi les plus célèbres de Mallarmé (« Les fenêtres », « L'azur », « Brise marine », etc.), va avoir de graves conséquences sur sa carrière, comme l'indique une lettre du directeur du personnel du ministère de l'Instruction publique [15], justifiant une mutation d'office au lycée de Besançon : « vos publications avaient éveillé les susceptibilités d'un certain nombre de familles, et […] votre

[15] Vulaines-sur-Seine, musée départemental Stéphane Mallarmé.

éloignement était vivement demandé ». Cette explication s'accompagne d'une menace sans ambiguïté : « Je saisis cette occasion pour vous engager à être plus circonspect, à l'avenir ; si de nouvelles plaintes m'étaient adressées au sujet des poésies que vous publiez, il me serait difficile de vous maintenir dans des fonctions d'enseignement. » Ce nouvel exil dans une « ancienne ville de guerre et de religion, sombre, prisonnière [16] » ne dure qu'une année scolaire.

Tournon. Entrée du lycée, XVIIe siècle.
Carte postale, début du XXe siècle.
Musée des Civilisations de l'Europe et de la Méditerranée.

Après des essais infructueux de mutation dans diverses villes du sud de la France (Carcassonne, Agen, Bordeaux) [17], et sans doute grâce à l'appui de son ami Armand Renaud, fonctionnaire parisien ayant ses entrées au ministère, Mallarmé obtient une nouvelle et miraculeuse nomination : « Enfin le sort abrège mon supplice en me rapprochant de toi ; j'ai reçu, hier, la nouvelle que j'étais envoyé à Avignon, comme si l'on avait surpris le secret intime et ancien de mon Rêve [18] » écrit-il à Aubanel le 7 octobre 1867. Pourtant, même si sa vie professionnelle paraît moins difficile dans ce nouveau poste, la vie réglée et prenante d'enseignant reste pour le poète une contrainte insupportable et il songe de plus en plus à s'en libérer.

[16] Lettre à François Coppée du 5 décembre 1866, *Corr.*, I, p. 233.
[17] Mondor, 1941, p. 244.
[18] *Corr.*, I, p. 264.

Entrée du lycée Bonaparte, devenu lycée Condorcet puis Fontanes à l'époque où Stéphane Mallarmé y enseignait.
Estampe, début du XIXe siècle. Vulaines-sur-Seine, musée départemental Stéphane Mallarmé.

Il tente tout d'abord de subvenir à ses besoins par l'organisation d'un cours d'anglais privé [19] qui le laisserait plus libre de son temps, puis obtient une mise en congé – accompagnée d'une indemnité ! – qu'il met à profit pour rechercher des collaborations avec des journaux et des éditeurs qui se contenteraient d'articles ou de traductions épisodiques, voire un poste de bibliothécaire [20] : au cours de l'été 1871, il quitte Avignon pour Paris sans que son avenir professionnel soit en rien assuré.

[19] Mondor, 1941, pp. 289-291.
[20] Mondor, 1941, p. 310.

Pourtant, à la rentrée, revenant à plus de réalisme, Mallarmé accepte une nomination au lycée Condorcet, rue du Havre (lycée Fontanes de 1874 à 1883) qui prend effet le 25 octobre : s'il reprend la chaîne dont il croyait être libéré, au moins retrouve-t-il définitivement Paris. Il y enseigne pendant treize années avant qu'il soit nommé au lycée Janson-de-Sailly, dans le 16e arrondissement, avec augmentation de son traitement, un inspecteur jugeant qu'il « se trouve dans des conditions d'ancienneté qui lui créent un titre sérieux à l'avancement [21] ». Enfin, en 1885, il est chargé d'une division au collège Rollin [22], devenu en 1944 lycée Jacques-Decour, avenue Trudaine : cette dernière mutation présente l'avantage de le rapprocher de son domicile de la rue de Rome. Il reste à ce poste jusqu'à l'obtention d'une retraite anticipée en janvier 1894.

Les témoignages des inspecteurs et des élèves

Les archives du ministère de l'Instruction publique ont heureusement conservé les rapports des nombreuses inspections qui jalonnent la carrière d'enseignant de Mallarmé [23]. Elles permettent d'apprécier d'une manière nuancée et par des témoignages multiples échelonnés de 1864 à sa retraite, en 1894, la manière dont étaient jugées ses qualités professionnelles. Les témoignages de plusieurs de ses anciens élèves donnent pour leur part des informations sur la façon dont se déroulaient les cours et sur l'ambiance qui régnait dans les classes dont Mallarmé avait la charge.

Concernant la connaissance de la langue anglaise, les jugements des inspecteurs ne sont généralement pas trop défavorables. « Élocution facile et correcte dans les deux langues ; cependant on voit que M. Mallarmé n'est pas né en Angleterre », note par exemple un inspecteur bisontin [24]. Jacques-Émile Blanche, qui, avant de devenir peintre, a été l'élève de Mallarmé, ajoutera avec une certaine condescendance : « Quant à moi je ne l'ai eu que quelques mois, ayant été élevé en Anglais et connaissant cette langue mieux que Mallarmé [25]. » Un autre élève, Grillot de Givry, sans doute moins connaisseur, trouvait au contraire l'anglais de son professeur « pur, impeccable, un peu chanté [26] ».

[21] Mondor, 1941, p. 441.
[22] Mondor, 1941, p. 465.
[23] Ils sont pour beaucoup soit partiellement transcrits soit résumés dans Mondor, 1941.
[24] Mondor, 1941, p. 238.
[25] Mondor, 1941, p. 386.
[26] Mondor, 1941, p. 480.

Les inspecteurs sont plus sévères lorsqu'ils considèrent l'autorité et la pédagogie de cet enseignant peu ordinaire. Pendant sa deuxième année d'enseignement à Tournon, l'un d'eux constate, ce qui n'est pas pour étonner, que Mallarmé manque d'expérience et que sa méthode n'est pas encore bien arrêtée [27]. « Tenue de classe : médiocre. Les élèves s'ennuient » trouve-t-on dans un rapport de 1866. « Professeur doux, bienveillant, mais faible et sans énergie » note le directeur du collège Rollin en 1888 [28]. D'autres trouvent ses méthodes étranges et peu adaptées : « Puisque M. Mallarmé reste professeur d'anglais au lycée Fontanes, qu'il apprenne l'anglais ; qu'il ne donne pas comme texte d'anglais aux élèves des chansons de nourrice de la force d'*Arlequin dans sa boutique* ou de *Hanneton vole* en français » s'insurge un inspecteur, qui est « tenté de se demander si l'on n'est pas en présence d'un malade [29] ». « Il est très innocemment étranger aux devoirs de professeur, je veux dire à l'obligation d'enseigner ce qui est. Il cherche ce qui pourrait être, le possible, le nouveau, l'ingénieux. À Rollin, on est un peu embarrassé de cette recrue qui fait le service sans le faire » résume le directeur du collège [30]. Ce même directeur admet cependant les efforts d'adaptation de Mallarmé aux réalités de l'enseignement : « À Rollin, j'ai tâché d'obtenir de lui une méthode plus simple et plus nette. Il s'est rendu avec beaucoup de courtoisie à mes observations. Au lieu de causer, il a enseigné. Il s'est mieux servi du tableau. Peut-être même a-t-il été un peu plus loin dans ce progrès pédagogique. »

Ce qui lui est surtout reproché, c'est d'être un poète avant d'être un enseignant : cette activité, jugée peu recommandable par la bourgeoisie provinciale du Second Empire, lui avait valu sa première mutation en 1866. Un inspecteur le qualifie alors d'« esprit cultivé, mais prétentieux,

[27] Mondor, 1941, p. 140.
[28] Mondor, 1941, p. 525.
[29] Mondor, 1941, p. 414.
[30] Mondor, 1941, p. 511.

parlant beaucoup de poésie et d'idéal [31] ». « Il faut retrancher quelque chose de votre temps à la poésie pour en donner davantage à la préparation de vos classes. Pour être un excellent professeur, il vous suffit de le vouloir » lui conseille, en 1876, son ancien professeur du lycée de Sens [32].

Parmi les élèves parisiens de Mallarmé, plusieurs ont laissé un témoignage précis de l'attitude de l'enseignant et de l'ambiance qui régnait dans sa classe. Il semble que, après les débuts difficiles de Tournon, « où on l'accable de papier mâché et de huées [33] », le professeur ait trouvé avec sa classe un *modus vivendi* acceptable par tous. « On ne le chahutait pas, mais tout juste », note Jean Ajalbert, « C'était une "classe blanche", avec ce petit homme, le plus effacé des maîtres [...]. Il écrivait au tableau quelques vers à traduire et à apprendre, puis s'installait à sa chaire, derrière un barrage de livres et de papiers, où il travaillait pour lui, tandis que nous nous livrions à nos petites affaires. Une sorte de trêve consentie [34]. » Ces souvenirs sont corroborés par ceux de Léon-Paul Fargue [35] : « Mallarmé montait les trois marches de sa chaire [...]. Une fois le pied posé sur le sol de son empire, Mallarmé vidait longuement son pardessus de ses journaux, de ses revues, de ses livres, les installait méthodiquement sur divers points de sa tablette et presque aussitôt, après quelques mots méticuleux et vagues sur l'emploi du temps, se plongeait dans la lecture comme un cheval dans sa mangeoire. » Il fallait que le brouhaha atteignît un niveau élevé pour ramener le professeur à la réalité de sa classe : « Alors Mallarmé, réveillé comme un dieu, émergeait de sa lecture, donnait [...] un coup sec de la tête, empoignait, de cette main qui avait débouché un flacon poétique d'un prix inconcevable, une règle filetée de cuivre – je la vois monter, cette règle – et

[31] Steinmetz, 1998, p. 109.
[32] Mondor, 1941, p. 385.
[33] Mondor, 1941, p. 167.
[34] Ajalbert, 1938, p. 40.
[35] Fargue, 1947, pp. 110-111 et 113.

projetait sur trois tons : “Assez, assez, assez ! J'ai dit !” » Peut-être toutefois ces souvenirs, rapportés près d'un demi-siècle après avoir été vécus, sont-ils filtrés et embellis par la légende de celui qui en fut le héros…

Vers la retraite

Ayant rapidement éprouvé tous les désagréments d'une profession qu'il avait pourtant choisie, pour échapper à une autre dont les contraintes lui paraissaient encore plus éprouvantes, Mallarmé songeait dès l'époque d'Avignon à quitter l'enseignement. Ne parvenant pas à trouver de moyens de subsistance suffisants, il dut donc poursuivre sa tâche jusqu'à la fin de 1893. En attendant, il sollicite et obtient parfois des congés pour raison de santé : en février 1885, ayant dû interrompre son service à plusieurs reprises, il se voit accorder un congé jusqu'au 1er octobre [36] ; en juin 1892, il obtient un certificat médical qui lui permet de suspendre ses cours jusqu'aux vacances d'été [37] ; à la rentrée, pour ne pas compromettre l'amélioration de sa santé, il sollicite auprès du recteur un allègement de son emploi du temps, pour ne plus enseigner que dix heures par semaine [38].

Le 28 juillet 1893, il écrit officiellement au ministre de l'Instruction publique, qui était alors Raymond Poincaré, pour solliciter sa mise à la retraite, à l'occasion de ses trente années de service [39]. Sa demande est appuyée par un nouveau certificat du docteur Hutinel qui décrit un état de santé alarmant (alarmiste ?) – neurasthénie, troubles cardiaques et dyspeptiques, insomnies continuelles – et qui en rend responsable l'exercice de ses fonctions. Diverses formalités administratives ne permirent la signature de l'arrêté de mise à la retraite qu'à la date du 6 janvier 1894. Cependant, par un autre

[36] Mondor, 1941, p. 452.
[37] Mondor, 1941, p. 612.
[38] Mondor, 1941, pp. 622-623.
[39] *Corr.*, VI, pp. 141-142 : on y trouve la lettre de Mallarmé et un commentaire des circonstances de cet événement majeur de la vie de Mallarmé.

arrêté, du 7 novembre 1893, Poincaré avait accordé à Mallarmé une indemnité annuelle de 1 200 francs, prélevée sur un budget réservé aux « encouragements aux savants et gens de lettres » : c'était lui permettre enfin de vivre de sa plume et par là même reconnaître la valeur de son œuvre littéraire, ce qui importait certainement davantage au poète que l'approbation de ses méthodes d'enseignant. Il allait enfin pouvoir se consacrer à la poésie, à ses proches et à ses amis, à sa chère maison de Valvins.

Les ouvrages pédagogiques

Parmi les moyens mis en œuvre par Mallarmé pour compléter les modestes revenus de son enseignement, ou pour y suppléer dans les périodes où il espérait pouvoir se libérer des contraintes liées au professorat, l'élaboration d'ouvrages pédagogiques tient une place non négligeable. Pourtant, un seul de ces travaux a été publié du vivant de Mallarmé : *Les Mots anglais,* rédigés durant l'été 1875, paraissent chez Truchy à la fin décembre 1877 avec la mention 1878 sur la page de titre, alors qu'ils étaient annoncés dans le catalogue de ce libraire-éditeur dès 1876. Les études qui ont été publiées sur cet

Ci-dessous et page de droite :
Stéphane Mallarmé, *Les Mots anglais. Petite philologie à l'usage des classes et du monde.*
Paris, chez Truchy, Leroy frères, successeurs, 1878.
Édition originale. Vulaines-sur-Seine,
musée départemental Stéphane Mallarmé.

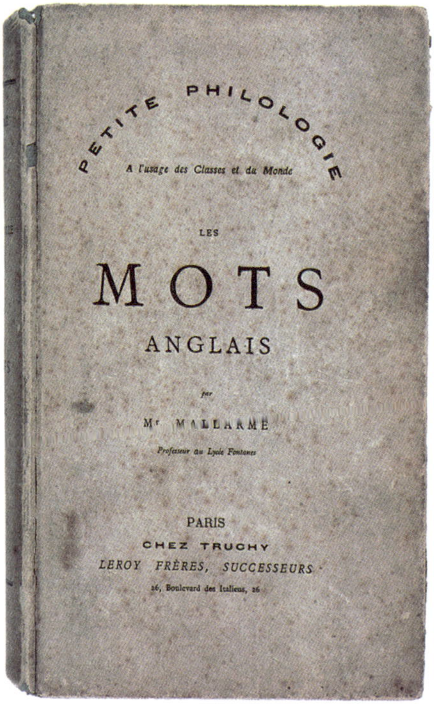

ouvrage [40] ont montré à la fois ce qu'il doit à des travaux antérieurs tant anglais que français, mais aussi comment il s'insère dans les réflexions du poète sur l'histoire et la structure des langues, ainsi que sur la relation existant entre le sens des mots et les sons qui les constituent. *Les Mots anglais* peuvent donc être considérés comme un prolongement modeste des études de linguistique que Mallarmé envisageait alors qu'il enseignait encore à Avignon et qui auraient pu prendre la forme d'une « grammaire comparée des langues indo-germaniques [41] ».

L'ouvrage sans doute ne connut pas le succès escompté et l'éditeur Truchy, qui en avait commandé à Mallarmé un second dont le titre devait être *Ce que c'est que l'anglais*, renonça à une nouvelle publication [42]. Mallarmé lui-même qualifia ce

[40] Sur *Les Mots anglais*, voir essentiellement *OC*, II, pp. 1790-1794, et Michon, 1978.
[41] Steinmetz, 1998, p. 130.
[42] *OC*, II, pp. 1795-1796.

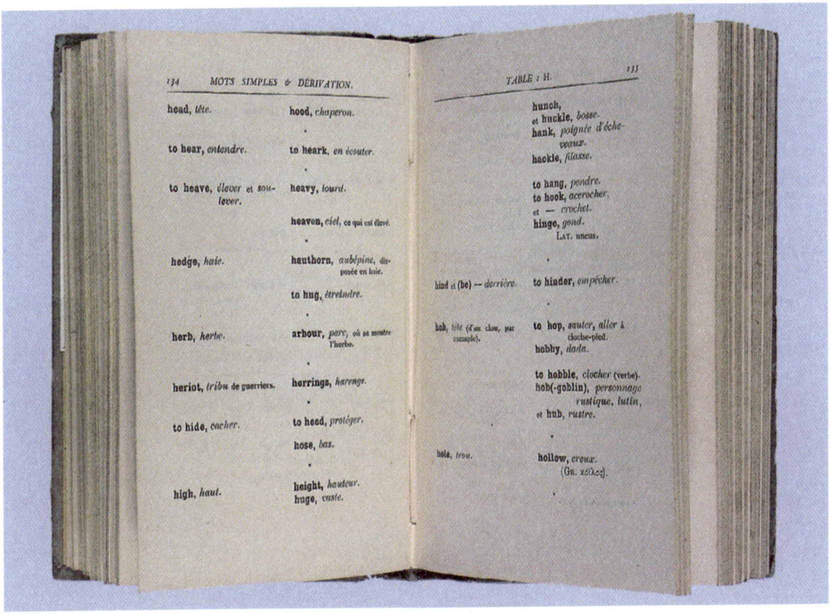
134 MOTS SIMPLES & DÉRIVATION.

head, *tête*. — hood, *chaperon*.

to hear, *entendre*. — to heark, *en écouter*.

to heave, *élever* et *soulever*. — heavy, *lourd*.
heaven, *ciel*, ce qui est élevé.

hedge, *haie*. — hauthorn, *aubépine*, disposée en haie.
to hug, *étreindre*.

herb, *herbe*. — arbour, *parc*, où se montre l'herbe.

heriot, *tribu* de guerriers. — herrings, *harengs*.

to hide, *cacher*. — to heed, *protéger*.
hose, *bas*.

high, *haut*. — height, *hauteur*.
huge, *vaste*.

TABLE : H. 135

hunch,
et huckle, *bosse*.
hank, *poignée d'écheveaux*.
hackle, *filasse*.

to hang, *pendre*.
to hook, *accrocher*,
et — *crochet*.
hinge, *gond*.
LAT. uncus.

hind et (be) — *derrière*. — to hinder, *empêcher*.

hob, *tête* (d'un clou, par exemple). — to hop, *sauter*, *aller à* cloche-pied.
hobby, *dada*.

to hobble, *clocher* (verbe).
hob(-goblin), *personnage rustique*, *lutin*,
et hub, *rustre*.

hole, *trou*. — hollow, *creux*.
(GR. κοῖλος).

travail de « petit ouvrage résumant en quelques exemples succincts l'ordonnance même de toute la langue anglaise ; bref expliquant le dictionnaire, le coupant pour ainsi dire en tranches plus faciles à apprendre. L'enfant peut commencer par là son étude de l'Anglais comme le jeune homme la finira par les *Mots Anglais,* vaste travail philologique qui fait pour l'Anglais ce que de récentes publications d'érudits ont fait pour les langues antiques apprises dans nos lycées [43] » : les préoccupations du poète sont donc ici proches de celles qu'il exposait dans *Les Mots anglais* et constituent une sorte d'initiation à la langue.

Rédigés en 1879 et payés par l'éditeur Leroy, successeur de Truchy, les *Thèmes anglais pour toutes les grammaires* ne furent pas davantage publiés du vivant de l'auteur. L'édition originale parut seulement en 1937 avec une préface de Paul Valéry. L'ouvrage est fondé sur un recueil de proverbes anglais paru à Londres en 1867 :

Page de droite :
L'Anglais récréatif ou Boîte pour apprendre l'anglais en jouant et seul. Maquette dessinée par Stéphane Mallarmé pour un projet d'édition. Paris, bibliothèque littéraire Jacques-Doucet.

Mallarmé a donc lui-même réalisé essentiellement un travail de version pour proposer aux étudiants l'exercice inverse [44]. Il devait constituer un « Cours complet d'anglais en trois volumes » avec *Ce que c'est que l'anglais* et *Beautés de l'anglais,* une anthologie de la littérature anglaise, compilée d'après divers ouvrages parus à Londres peu d'années auparavant [45]. Également commandée et payée par l'éditeur Leroy, en 1878, cette dernière partie resta à l'état de manuscrit. Le *Recueil de « Nursery Rhymes »,* auquel Mallarmé travaillait autour de 1880, était destiné à initier les jeunes élèves à la langue anglaise à travers des chansons de nourrice traditionnelles, collectées une fois encore dans des ouvrages antérieurs. Il connut le même

[43] *Thèmes anglais,* p. 22.
[44] *OC,* II, p. 1796, et Souffrin, 1955.
[45] *OC,* II, pp. 1799-1800.

I
Pour prononcer le
TH
Mettez la langue entre les dents
et faites entendre
C
quand le th est doux
the
this, that
these, those
&
ou rentrez
la langue
comme
les Mrs.
Z
quand le th est dur
thumb
thick, thorn
mouth
&
ou sortez
la langue
comme
les Mrs
Imitez
et prononcez

sort que les ouvrages pédagogiques précédents et ne fut publié qu'en 1964[46]... En revanche, Charles Leroy publia en 1885 les *Favourite Tales for Very Young Children* de James Stephens, dont le titre est traduit par « *Les Contes favoris,* recueil de lectures anglaises à l'usage des classes de huitième et de neuvième et des commençants, avec des annotations nombreuses par M. Mallarmé, professeur d'anglais au Collège Rollin ».

Le plus étonnant de ces travaux pédagogiques n'a pas pris la forme d'un ouvrage traditionnel, mais celle de fiches illustrées et animées, dont Mallarmé avait manifestement envisagé la publication sous le titre *L'Anglais récréatif ou Boîte pour apprendre l'anglais en jouant et seul,* mais qui sont restées à l'état de maquette[47]. Elles abordent d'une manière que l'on qualifierait aujourd'hui de ludique et d'interactive les principales difficultés de la prononciation et de la grammaire anglaises.

Si le caractère alimentaire de ces différents travaux est indiscutable (les bénéfices escomptés de *L'Anglais récréatif* auraient été destinés à acheter un poney à Geneviève[48] !), il apparaît néanmoins que Mallarmé a su les mettre à profit pour approfondir sa propre réflexion sur la langue et la poésie et qu'il avait, quoi qu'en aient pensé les inspecteurs de l'Instruction publique, des préoccupations pédagogiques : utiliser des comptines, des proverbes ou des fiches illustrées pour enseigner l'anglais aux jeunes élèves n'était peut-être pas la marque d'un esprit dérangé.

Les traductions

Edgar Poe et autres poètes anglo-saxons

Mallarmé justifie dans sa lettre à Verlaine du 16 novembre 1885 son intérêt pour la langue anglaise par son désir de « mieux lire Poe[49] ». Même s'il s'agit là

[46] *OC,* II, p. 1798, et « *Nursery Rhymes* », pp. 9-27.
[47] Bibliothèque littéraire Jacques-Doucet, MNR 1251.
[48] Mondor, 1941, p. 412.
[49] *Corr.,* II, pp. 302-303.

d'une explication *a posteriori,* il est certain que la fascination qu'a exercée le poète américain sur son jeune confrère français a été des plus constantes et que, au-delà des autres admirations de jeunesse – Hugo, Gautier, Banville, Baudelaire – dont il s'est, pour certaines, détaché, celle-là est demeurée la plus vive. Il faut certainement préciser que cet engouement

Edgar Allan Poe. A Memorial Volume.
By Sara Sigourney Rice. Détail du portrait photographique d'Edgar Poe. Baltimore, Turnbull Brothers, 1877. Exemplaire de Stéphane Mallarmé. Édition originale. Vulaines-sur-Seine, musée départemental Stéphane Mallarmé.

La traduction comme modèle de l'activité poétique mallarméenne

Hubert AUPETIT

Les traductions françaises des poèmes d'Edgar Poe par Mallarmé font à mon sens l'objet d'un malentendu. De brillants linguistes ont relevé avec gourmandise les faux-sens, contresens, inexactitudes, anglicismes, fautes de construction, etc. du médiocre professeur d'anglais qu'on se complaît à dépeindre en Mallarmé. Mais leur attitude se fonde sur le présupposé qu'une bonne traduction est une traduction juste linguistiquement, autrement dit qu'une poésie traduite est d'abord une traduction avant d'être une poésie. Or cette conception est si contraire à tout ce qu'écrit Mallarmé, comme poète, comme théoricien de la langue, et comme traducteur, qu'il vaut la peine de renverser le cliché : de ces deux passeurs de l'œuvre de Poe que sont Baudelaire et

Ci-dessus et page de droite :
Edgar Poe, *Le Corbeau*. Traduction française par Stéphane Mallarmé, avec illustrations par Édouard Manet. Paris, Richard Lesclide, éditeur, 1875. Édition originale. Vulaines-sur-Seine, musée départemental Stéphane Mallarmé.

était, pour la génération poétique de Mallarmé, largement partagé et qu'Edgar Poe, très controversé dans son pays, a connu en France une fortune critique beaucoup plus favorable qui commence avec Baudelaire, son premier traducteur en langue française, et qui, au-delà de Mallarmé et de nombreux symbolistes, se poursuivra avec Paul Valéry, les surréalistes et la génération du nouveau roman.

Bertrand Marchal rappelle que la découverte de Poe par Mallarmé, concomitante à celle de Baudelaire, remonte à 1860 [50], alors qu'il n'est âgé que de dix-huit ans, et qu'il tente dès lors, mais seulement pour lui-même, les premières traductions de ses poèmes. Après plusieurs tentatives de publications inabouties, une première série de traductions de huit poèmes de Poe par Mallarmé paraissent dans *La Renaissance littéraire et artistique* entre juin et octobre 1872, suivie de six autres et de la réédition de deux des huit premiers, « À Hélène » et « Ulalume », dans *La République des lettres* entre août 1876 et mars 1877. Entre-temps, en 1875, Richard Lesclide a réalisé la magnifique édition de luxe de la traduction du « Corbeau », avec les illustrations d'Édouard Manet, qui fut un total échec commercial, mais demeure un chef-d'œuvre incontesté de l'édition française du XIXe siècle. Enfin, une édition plus complète en volume de ces traductions de poèmes de Poe, qui préoccupa Mallarmé pendant de nombreuses années, bénéficia finalement de

[50] *OC*, II, p. 1753.

la concurrence entre Léon Vanier, éditeur parisien auquel le poète avait d'abord confié le manuscrit, mais avec lequel s'étaient développés de nombreux désaccords, et Edmond Deman, le libraire belge récemment converti en éditeur, avec lequel Émile Verhaeren venait de le mettre en relation : l'édition Deman parut à Bruxelles en 1888 avec le portrait de Poe et un fleuron par Manet, l'édition Vanier fut publiée l'année suivante à Paris avec une réduction des illustrations de Manet [51].

Si l'œuvre d'Edgar Poe demeure le cœur du travail de traduction poétique de Mallarmé, il faut cependant y ajouter quelques autres éléments. Il y eut d'abord un sonnet, « Les muses de France et de Provence », que son ami Bonaparte-Wyse lui avait adressé en 1868 [52]. Mallarmé traduisit également dans des circonstances diverses trois poèmes de lord

[51] Sur ces diverses publications, voir *OC,* II, pp. 1752-1756.

[52] *OC,* II, pp. 1779-1780.

Mallarmé, le plus « poète » est sans nul doute Mallarmé, et le plus « professeur d'anglais » peut-être Baudelaire !

On sous-estime trop souvent le fait que Baudelaire et Mallarmé sont entrés en poésie par Edgar Poe. La première œuvre publiée par l'un et l'autre est une traduction du grand écrivain américain, et leurs diverses déclarations confèrent à Poe le statut d'un mythe. Baudelaire note dans ses *Fusées* de faire chaque matin sa prière à Edgar Poe ; « parti à vingt ans en Angleterre » pour mieux lire Poe, Mallarmé n'en est jamais vraiment revenu puisque sa vie

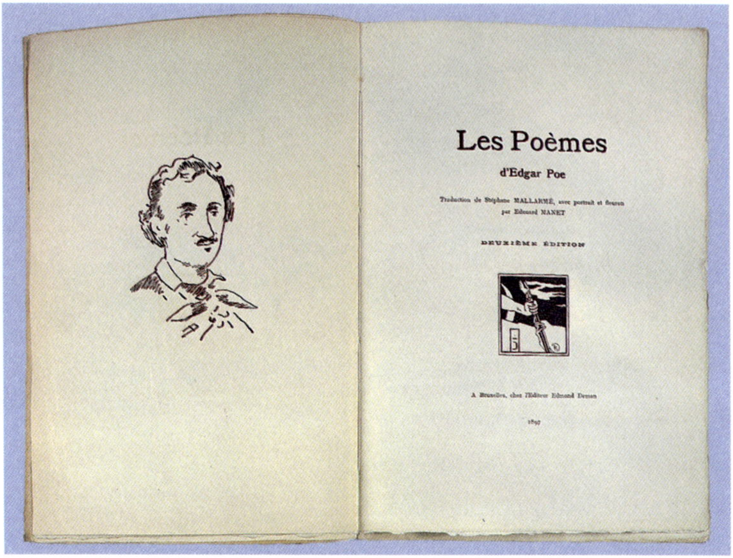

Les Poèmes d'Edgar Poe. Traduction en prose par Stéphane Mallarmé, avec portrait et fleuron par Édouard Manet.
À Bruxelles chez l'éditeur Edmond Deman, 1888.
Édition originale. Vulaines-sur-Seine, musée départemental Stéphane Mallarmé.

Alfred Tennyson [53], un des grands poètes anglais du XIXe siècle, « Mariana », « Godiva » et « Dora », mais les deux derniers sont restés à l'état de manuscrits, seul « Mariana » ayant été publié dans la livraison du 18 octobre 1874 de *La Dernière Mode,* la revue dont Mallarmé dirigea et rédigea en grande partie huit numéros. Par ailleurs, Mallarmé traduisit deux textes en prose de son ami le peintre James Abbott McNeill Whistler : *Le « Ten O'Clock » de M. Whistler,* texte d'une conférence sur l'art donnée par le peintre à Londres en 1885 et qui parut dans sa version française dans *La Revue indépendante* en mai 1888 [54] ; *La Valentine,* une fable que Whistler écrivit à propos d'un différend qui l'opposait au commanditaire d'un portrait et qui n'était pas destinée à la publication [55].

[53] *OC,* II, pp. 1780-1781.
[54] *OC,* II, pp. 1783-1784.
[55] *OC,* II, pp. 1784-1786.

On sait que, pour la traduction du *Ten O'Clock*, Mallarmé recourut à l'aide d'un jeune poète d'origine américaine, Francis Vielé-Griffin, qui fit sans doute un peu plus que « tenir la plume », selon l'expression de Mallarmé lui-même, puisque les échanges épistolaires avec l'éditeur Dujardin et avec Whistler indiquent que la signature de ce collaborateur devait être apposée à côté de celle du traducteur principal [56]. Il eut aussi recours à l'aide du romancier irlandais George Moore qui a raconté comment il avait expliqué au poète français certains tours particulièrement idiomatiques de la langue du peintre américain [57]. Nouveaux indices d'un Mallarmé certes anglophone mais ne maîtrisant pas toujours les nuances les plus délicates de la langue de Shakespeare. Même le bienveillant Mondor s'est interrogé à ce sujet : « Mallarmé, qui s'est fait le traducteur du plus difficile des poètes [Edgar Poe], est-il fort instruit de la langue

[56] *OC*, II, p. 1784.
[57] Moore, 1888.

future comme son esthétique s'en trouveront profondément affectées. La langue anglaise n'est donc surtout pas pour Mallarmé ce « numéraire facile » par lequel les « foules » règlent leurs affaires courantes, mais quelque chose comme le latin ou le grec pour un poète de la Renaissance : une prise de distance vis-à-vis du monde où il vit et où sévit « l'universel reportage » ; elle est la langue du Mythe.

« Je ne connais de l'anglais que les mots employés dans le volume des *Poésies* de Poe et je les prononce, certes bien pour ne pas manquer au vers. Je puis, le dictionnaire et la divination aidant, faire un bon traducteur, surtout de poètes, ce qui est rare : mais je ne crois pas que cela constitue une place dans la maison Hachette. »

(Lettre à Catulle Mendès du 1er mars 1871.)

Toute la création poétique de Mallarmé en français témoigne ensuite, par sa difficulté,

anglaise ? Certains diront non, George Moore et Whistler ont dit oui. » Mais il conclut sagement : « Ce qui est plus important c'est de chercher, dans ses traductions, un reflet poétique de Poe [58]. »

Les traductions alimentaires

À côté de ces traductions de poésies, Mallarmé réalise un certain nombre de travaux de traduction et/ou d'adaptation de textes anglais destinés à compléter ses modestes revenus. Quelques-uns sont proches des ouvrages pédagogiques qu'il élabore par ailleurs : on retrouve d'ailleurs dans certains d'entre eux la même préoccupation de Mallarmé de mettre à profit ces tâches pour nourrir sa réflexion personnelle sur la linguistique ou la métaphysique. Dans sa lettre à Verlaine du 16 novembre 1885, Mallarmé commentait ainsi ces travaux : « j'ai dû faire, dans des moments de gêne ou pour acheter de ruineux canots, des besognes propres et voilà tout *(Dieux antiques, Mots Anglais)* dont il sied de ne pas parler [59] ». Ils appellent toutefois quelques précisions et commentaires, les unes et les autres apportés par Bertrand Marchal dans le second volume de la réédition récente des *Œuvres complètes.*

Le projet de traduire et d'adapter en français *A Manual of Mythology in the Form of Question and Answer* du révérend George W. Cox, paru à Londres en 1867, préoccupe Mallarmé dès 1871 et l'essentiel du travail, qui comprend également des emprunts à un autre ouvrage du révérend Cox, *The Mythology of the Aryan Nations,* doit se situer avant 1875. Mais les projets de publication avec divers éditeurs (Alphonse Lemerre puis Alphonse Pagès dès 1871, Hetzel au plus tard début 1875, sans doute Truchy vers 1878) échouent et c'est seulement à la fin de 1879 que l'ouvrage paraît chez J. Rothschild sous le titre *Les Dieux antiques* [60], après avoir

[58] Mondor, 1941, p. 545.
[59] *Corr.*, II, pp. 302-303.
[60] *OC*, II, pp. 1812-1816.

semble-t-il été révisé par le traducteur. Si une partie importante du texte est décalqué de celui de George W. Cox, Mallarmé a cependant ajouté quelques apports personnels et surtout déchristianisé la perspective générale de l'ouvrage anglais.

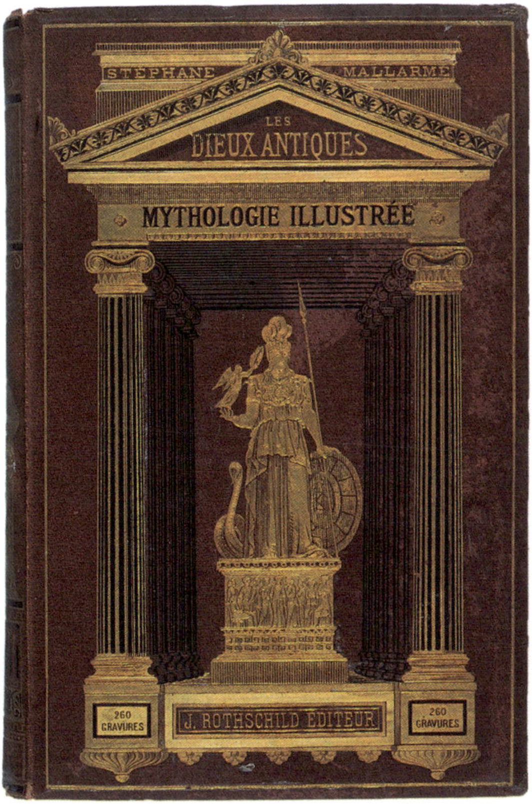

Stéphane Mallarmé, *Les Dieux antiques.*
Paris, J. Rothschild, éditeur, 1880. Édition originale.
Vulaines-sur-Seine, musée départemental
Stéphane Mallarmé.

par son étrangeté, de cette croyance que la poésie ne peut plus se faire avec les « mots de la tribu », mais doit passer par un processus de purification, de transposition à l'intérieur même de la langue, et dont le processus de traduction d'une langue à l'autre donne un bon équivalent. La traduction devient ainsi pour Mallarmé le modèle de toute activité poétique, il ne faut donc pas la juger en chaussant ses lunettes de pédagogue !

Ainsi, lorsque Mallarmé supprime un vers de Poe dès la première stance du « Corbeau » (que Baudelaire rendait par « C'est quelque visiteur, murmurai-je, qui frappe à la porte de ma chambre »), ne parlons pas d'oubli, mais essayons de comprendre combien cette omission qualifie l'inquiétude poesque. Le héros du poème est enfermé dans sa chambre, entend un simple « heurt » (et non le « tapotement », correct linguistiquement, mais trop long, trop bruyant, de Baudelaire), « cela seul

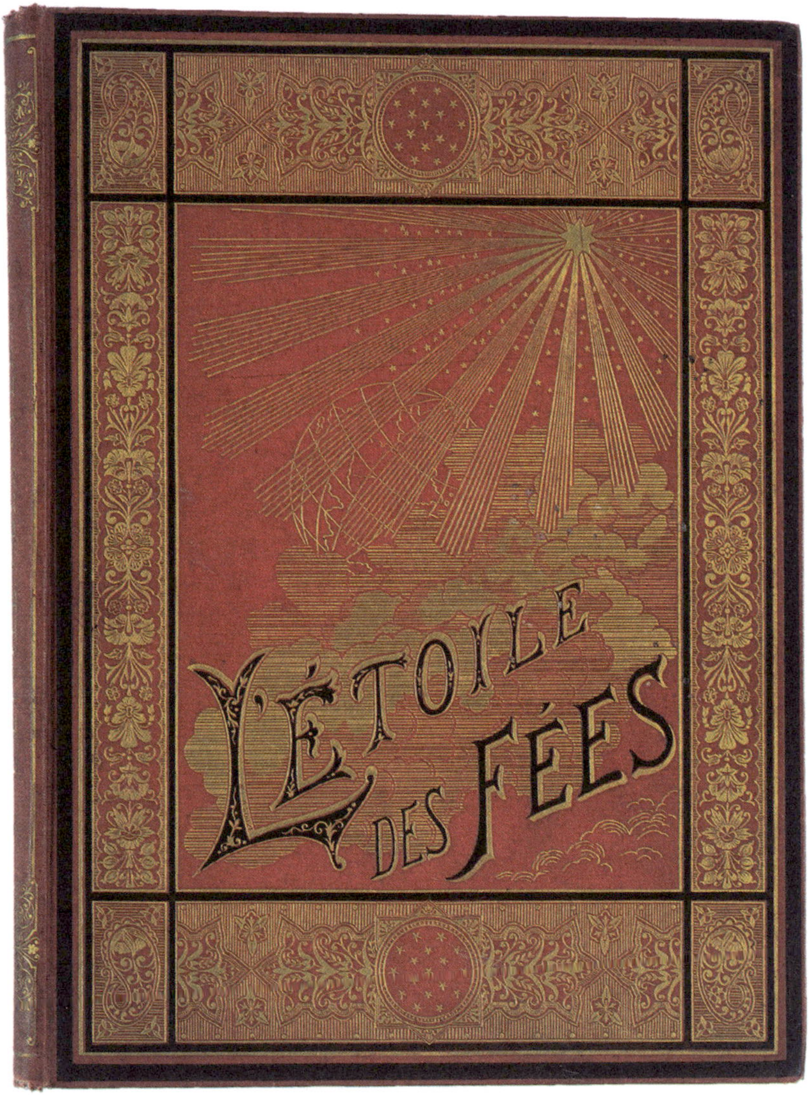

C. W. Elphinstone Hope, *L'Étoile des fées.*
Traduction de l'anglais par Stéphane Mallarmé.
Paris, G. Charpentier, éditeur, 1881.
Édition originale. Vulaines-sur-Seine,
musée départemental Stéphane Mallarmé.

C'est par l'intermédiaire de son ami Théodore de Banville que Mallarmé se voit confier la tâche, en octobre 1880, de traduire un conte anglais de Mrs. C. W. Elphinstone Hope, *The Star of the Fairies*[61]. Les deux livres devaient paraître chez l'éditeur Charpentier pour les fêtes de fin d'année, simultanément en anglais et en français, ce dernier sous le titre traduit littéralement de *L'Étoile des fées*. Mallarmé travailla donc directement d'après le manuscrit de l'auteur, comme l'indiquent les courriers qu'il adresse à l'éditeur le 16 octobre et le 16 novembre [62].

L'adaptation en français de quatre des *Contes indiens* publiés en anglais sous le nom de Mary Summer par l'épouse de Philippe-Édouard Foucaux, professeur de sanscrit au Collège de France, est une commande privée, mais rémunérée, passée par le docteur Edmond Fournier à Mallarmé pendant l'été de 1893 par

[61] Voir en particulier *OC*, II, pp. 1786-1787.
[62] *Corr.*, II, pp. 213-214 et 216.

et rien de plus » : ce « rien » s'oppose alors d'autant plus au « Ah ! » qui met le feu, dès l'ouverture de la stance suivante, à l'imagination débordante du personnage. Le malaise devient quasi sans cause, il n'est plus psychologique mais métaphysique, et prendra d'ailleurs un nouveau nom dans l'œuvre de Mallarmé, appelé à grand succès posthume : « l'angoisse » au XXe siècle. Tout le « sonnet en -ix » se prépare ainsi dans ce passage !

De même, pour respecter l'ordre des mots de l'original et leur nature syntaxique, Baudelaire rend *« And the silken sad and uncertain rustling of each purple curtain »* par « Et le soyeux, triste et vague bruissement de rideaux pourprés ». Il traduit certes correctement *« uncertain »* par « vague », mais en perd l'effet de sifflement. Mallarmé rectifie, sans égard pour la syntaxe : « Et de la soie l'incertain et triste bruissement en chaque rideau purpural ». La vérité est dans le son autant que dans le sens !

l'intermédiaire de leur amie commune, Méry Laurent [63]. Mallarmé utilisa donc le temps disponible de ses dernières vacances estivales avant sa mise à la retraite pour mener à bien cette tâche, qui loin d'être une traduction mot à mot se présente comme une fine réécriture de textes qui avaient déjà connu plusieurs avatars : écriture originale en sanscrit, traduction savante en français, adaptation en anglais. « J'ai repris fil à fil, comme une broderie, ce conte, la consolidant » écrit Mallarmé à Méry Laurent, à propos de « La fausse vieille », le premier auquel il ait travaillé.

Mallarmé anglophile : les amitiés anglo-saxonnes

Les amies de jeunesse : Harriet, Emma, Ettie, Marie

Dès l'adolescence, Mallarmé connut dans son environnement familial et social un certain nombre de jeunes filles d'origine britannique ou américaine. Ses grands-parents Desmolins fréquentaient à Passy les familles Smythe et Sullivan [64] et il semble que la mort de la jeune Harriet Smythe en juin 1859 comme le retour dans son pays d'Emma Sullivan

Page de gauche, de gauche à droite :

Portrait photographique d'Ettie Yapp. Collection particulière.

Portrait photographique de Kate Yapp. Vulaines-sur-Seine, musée départemental Stéphane Mallarmé.

Portrait de Marie Mallarmé en 1862, par C. Courageux. Vulaines-sur-Seine, musée départemental Stéphane Mallarmé.

quelques mois plus tard aient assez profondément affecté le poète en herbe[65]. En mai 1862, c'est la famille Yapp qui entre dans la vie de Mallarmé par l'intermédiaire de son ami Emmanuel des Essarts qui organise en forêt de Fontainebleau une mémorable partie de campagne. Le père, Edward Yapp, était alors correspondant à Paris du *Daily Telegraph,* mais ce sont surtout les filles, Harriet, dite Ettie, Kate, Florence et Isabelle, qui attirent l'attention de Mallarmé et de ses amis. C'est certes Henri Cazalis qui noue une idylle longue et finalement douloureuse avec Ettie, mais la jeune fille a également inspiré à Mallarmé des sentiments

[63] Voir *OC,* II, pp. 1787-1788.

[64] Steinmetz, 1998, p. 39.

[65] Steinmetz, 1998, pp. 40-41.

Autre exemple, quand Baudelaire traduit le hurlement final du héros à l'oiseau *« take thy form from off my door ! »* par « précipite ton spectre loin de ma porte ! », Mallarmé ne cherche pas d'équivalent pour atténuer le non-sens et risque le formidable « jette ta forme loin de ma porte ! ». Il refuse ainsi toute « rationalisation » mythologique, si l'on peut dire : le corbeau n'est pas un fantôme porteur d'on ne sait quel esprit en errance depuis l'au-delà, mais une simple « forme », une enveloppe vide de toute signification. Sommes-nous loin du « ptyx » ?

Il serait trop long ici de comparer systématiquement les trois poèmes d'un point de vue poétique et non linguistique, car cette entreprise nécessite la prise en compte de la totalité de l'œuvre des trois poètes. L'une de mes étudiantes s'y était frottée, de manière assez convaincante, il y a quelques années. Son travail mériterait d'être repris et publié. Une chose est sûre : tout Mallarmé est déjà dans son « Corbeau », comme l'a si bien vu Manet.

profonds, au point qu'il lui « voue un véritable culte » et qu'elle pourrait être l'inspiratrice du poème « Apparition [66] ». Mallarmé, qui devait retrouver plus tard Ettie Yapp à l'occasion de ses voyages à Londres, fut à la fois le confident et le *go-between* de cet amour malheureux.

Le tendre penchant que Marie Gerhard, sa future épouse, inspira à Mallarmé ne fut-il pas influencé par cette atmosphère anglophile, par ces amours précoces peut-être seulement rêvées pour Harriet ou Emma, par un sentiment pour Ettie que sa loyauté envers Cazalis contraignait à n'être qu'amical ? Toujours est-il que la naissance de cet amour repose sur un quiproquo révélateur : dans son esprit, la jeune fille blonde qu'il croise dans les rues de Sens au début de l'été 1862 ne pouvait que venir d'outre-Manche. « Avant-hier, je vous croyais anglaise, et j'avais écrit, dans le meilleur anglais que je susse, la plus belle lettre qu'on pût rêver : j'ai reconnu mon erreur en vous quittant et j'ai été forcé de tout déchirer » lui écrit-il le 26 juin [67]. Marie en effet est allemande et sans doute cette confusion éclaire-t-elle en partie la suite de l'histoire : la fugue-enlèvement qui mène les deux jeunes gens à Londres au mois de novembre et leur mariage dans la capitale anglaise l'été suivant.

Les correspondants

On sait la place éminente que tient la correspondance dans la vie et l'œuvre de Mallarmé : les onze volumes de lettres publiés entre 1959 et 1985, et qui ne doivent pas faire oublier les missives définitivement perdues, celles qui ont été retrouvées après 1985 et celles qui sont encore enfouies dans des collections inédites, sont là pour en témoigner. L'index de cette correspondance est révélateur : les noms à consonance anglo-saxonne y sont légion et témoignent du réseau

[66] Joseph, 1965, pp. 468-469.
[67] Mondor, 1941, p. 58.

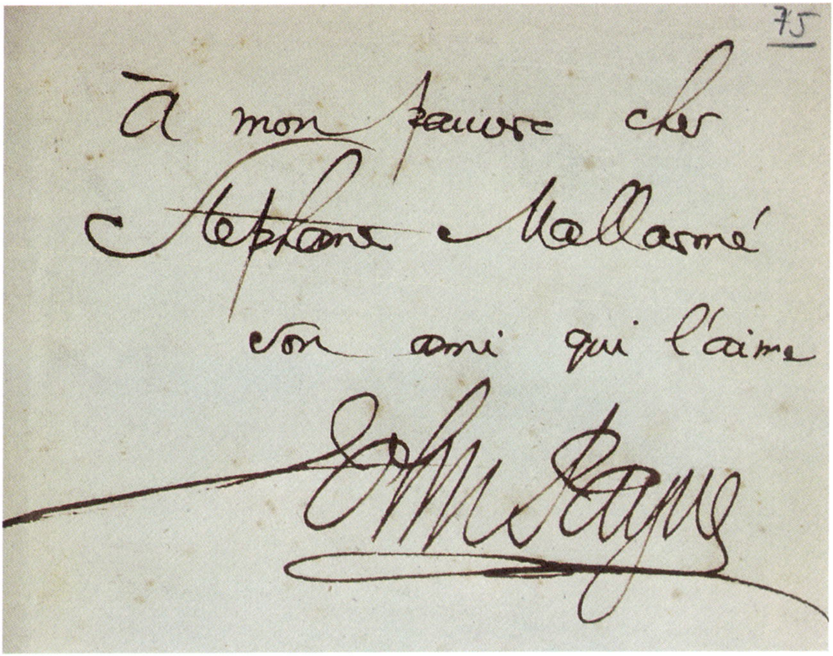

John Payne, *New Poems.* London, Newman and Co., 1880. Avec envoi autographe : *à mon pauvre cher Stephane Mallarmé son ami qui l'aime, John Payne.* Édition originale. Vulaines-sur-Seine, musée départemental Stéphane Mallarmé.

de relations que Mallarmé avait établi avec la Grande-Bretagne, les États-Unis et même l'Australie. Si certains de ces correspondants furent rencontrés à Londres à l'occasion des divers voyages de Mallarmé, si d'autres vinrent plus tard à Paris, certains restèrent des relations purement épistolaires.

Ces échanges de lettres sont parfois accompagnés d'envois de livres (recueils poétiques, mais également romans, nouvelles, traductions de textes classiques, mémoires, etc.) dont beaucoup sont encore conservés dans la bibliothèque anglaise de Mallarmé, dans la chambre de sa maison de Valvins. On peut citer en particulier de nombreux volumes envoyés par John Payne que Mallarmé avait connu à Londres en 1871 et avec qui s'établit une longue relation amicale : auteur de plusieurs recueils poétiques,

Payne était aussi traducteur de textes poétiques français (François Villon, mais également Mallarmé lui-même), allemands (Heinrich Heine) ou arabes (*Les Mille et Une Nuits,* les poèmes de Hafiz), ce qui suscite l'admiration profonde de Mallarmé. On y trouve aussi, pour prendre simplement quelques exemples, des œuvres d'Arthur O'Shaughnessy, disciple de Swinburne et ami de Payne, et de son épouse, Eleanor Marston ; le volume de *Towards the Source* que Christopher Brennan, poète australien admirateur puis traducteur de Mallarmé, fit relier au chiffre de celui qu'il considérait comme son maître ; les recueils de vers que Louis James Block lui adresse de New York ; *Questions at Issue,* avec un chapitre intitulé « M. Mallarmé and Symbolism » de sir Edmund Gosse, ami intime de Swinburne dont le jugement sur Mallarmé fut singulièrement versatile ; *Erechtheus* de Swinburne lui-même que Mallarmé accueille avec enthousiasme : « Quelle merveille qu'*Erechtheus* [!]

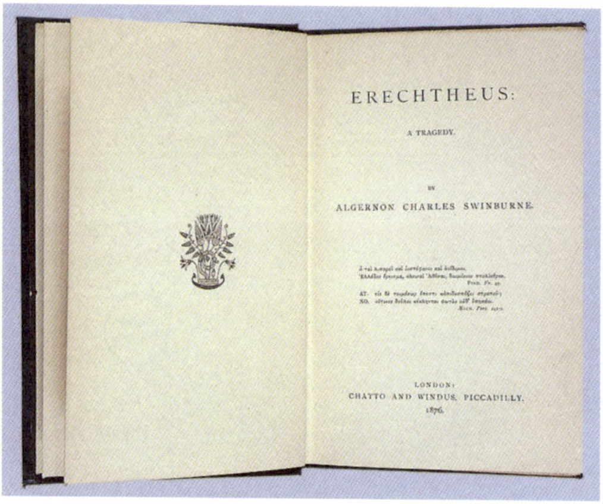

Algernon Charles Swinburne, *Erechtheus : a Tragedy.* London, Chatto and Windus, 1876. Exemplaire de Stéphane Mallarmé. Édition originale. Vulaines-sur-Seine, musée départemental Stéphane Mallarmé.

Swinburne a eu la bonté de me le faire envoyer par Chat[t]o : si j'en parlais, ce serait pendant des pages [68]. »

D'autres correspondances s'établissent à propos des articles que Mallarmé souhaite publier dans des périodiques de langue anglaise, par exemple avec Arthur O'Shaughnessy pour les « Gossips » qui

[68] Lettre du 9 janvier 1876 à Arthur O'Shaughnessy, *Corr.,* II, p. 95.

[69] *Corr.,* VI, p. 182, n. 1.

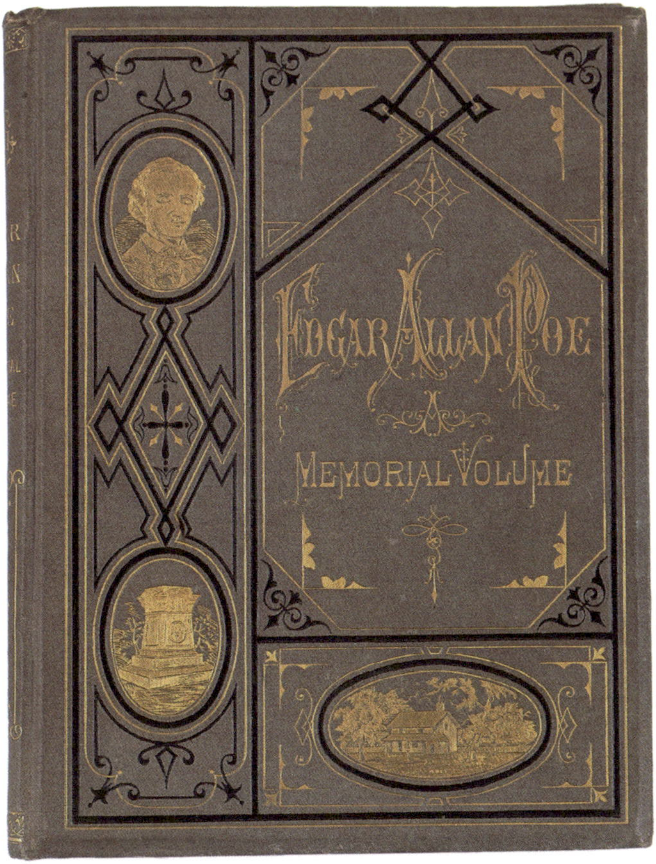

Edgar Allan Poe. A Memorial Volume.
By Sara Sigourney Rice. Baltimore, Turnbull Brothers, 1877. Exemplaire de Stéphane Mallarmé. Édition originale. Vulaines-sur-Seine, musée départemental Stéphane Mallarmé.

paraissent dans l'*Athenaeum* de Londres en 1875-1876 ; du projet de traduction en anglais de son recueil *Vers et Prose* que souhaitait publier l'éditeur américain Stone and Kimball en 1893 [69] ; ou des conférences qu'il doit donner en Angleterre en 1894, notamment avec Frederick York Powell, qui organisait à Oxford des conférences d'artistes et d'écrivains de langue française, et avec Charles Whibley, qui se chargea de préparer sa

À Stéphane Mallarmé,
de son ami
John H. Ingram
4 June 1880.

EDGAR ALLAN POE.

John H. Ingram, *Edgar Allan Poe. His Life, Letters and Opinions.* With portraits of Poe and his mother. London, John Hogg, 1880. Envoi autographe (volume I) : *À Stéphane Mallarmé, de son ami John H. Ingram, 4 June 1880.* Édition originale. Vulaines-sur-Seine, musée départemental Stéphane Mallarmé.

Page de droite : Louis Welden Hawkins, *La Porte fermée,* 1896. Huile sur toile, dédicacée et offerte à Stéphane Mallarmé. Vulaines-sur-Seine, musée départemental Stéphane Mallarmé.

venue à Cambridge. Ses travaux sur l'œuvre d'Edgar Poe lui permettent d'entrer en relation avec miss Sara Sigourney Rice, qui édita un ouvrage commémoratif à la mémoire du poète américain et qui, à l'initiative de Swinburne, sollicita Mallarmé pour y participer [70], mais également avec Mrs. Sarah Helen Whitman, qui fut fiancée avec Poe en 1848 et publia à son sujet en 1860 un ouvrage dont elle envoya un exemplaire à Mallarmé : reconnaissant, celui-ci lui adressa en 1876, en son nom et en celui de Manet, sa traduction du « Corbeau ». « Quoi qu'on fasse pour honorer la mémoire du génie le plus divin que le monde ait connu, ne doit-on pas d'abord obtenir votre suffrage ? » lui écrit-il en guise de flatteuse justification [71]. C'est également leur admiration commune pour Edgar Poe qui favorisa les échanges épistolaires de Mallarmé avec John Ingram, ardent défenseur de Poe et promoteur de son œuvre, que Mallarmé rencontra par ailleurs à Londres et à Paris.

Les mardistes et autres parisiens

L'un des tout premiers amis anglophones de Mallarmé fut paradoxalement rencontré à Avignon : William Charles Bonaparte-Wyse, qui descendait par sa

[70] *Corr.*, II, pp. 109-110.
[71] *Corr.*, II, pp. 111-112.

L. W. HAWKINS

mère de Lucien Bonaparte, l'un des frères de Napoléon Ier, et par son père d'une vieille famille irlandaise, était un proche des félibres dont il avait épousé la cause au point d'écrire lui-même certains de ses ouvrages poétiques en langue provençale [72] : il dédicaça en 1868 un exemplaire de son livre *Li Parpaioun Blu* à son nouvel ami Mallarmé [73] qui enseignait alors dans la Cité des papes. Cette amitié se poursuivit au-delà de la période avignonnaise et Bonaparte-Wyse invita Mallarmé dans sa propriété du Wiltshire, dans le sud-ouest de l'Angleterre. Mais c'est surtout après son installation définitive à Paris en 1871 que Mallarmé noua de nombreuses relations avec des Britanniques et des Américains.

En ces dernières décennies du XIXe siècle, Paris est une ville particulièrement attractive pour les artistes et les écrivains du monde entier. Parmi les anglophones qui y séjournent temporairement ou qui s'y établissent définitivement, un certain nombre rendent visite à Mallarmé, en particulier à l'occasion de ses « Mardis », ou font sa connaissance par l'intermédiaire de relations communes. Pas plus que pour les échanges épistolaires, il n'est possible de citer ici de manière exhaustive toutes ces rencontres, dont certaines restèrent fort épisodiques, mais l'évocation de quelques figures plus attachantes ou mieux documentées permet de montrer la richesse et la diversité de ce réseau de relations amicales, professionnelles ou simplement mondaines.

Dans la catégorie des Anglo-Saxons définitivement parisiens, évoquons d'abord le docteur Evans, originaire de Philadelphie, mais établi à Paris depuis 1850, dentiste attitré de l'empereur et de l'impératrice, homme d'affaires avisé et

[72] *Corr.*, I, p. 271.

[73] Vulaines-sur-Seine, musée départemental Stéphane Mallarmé.

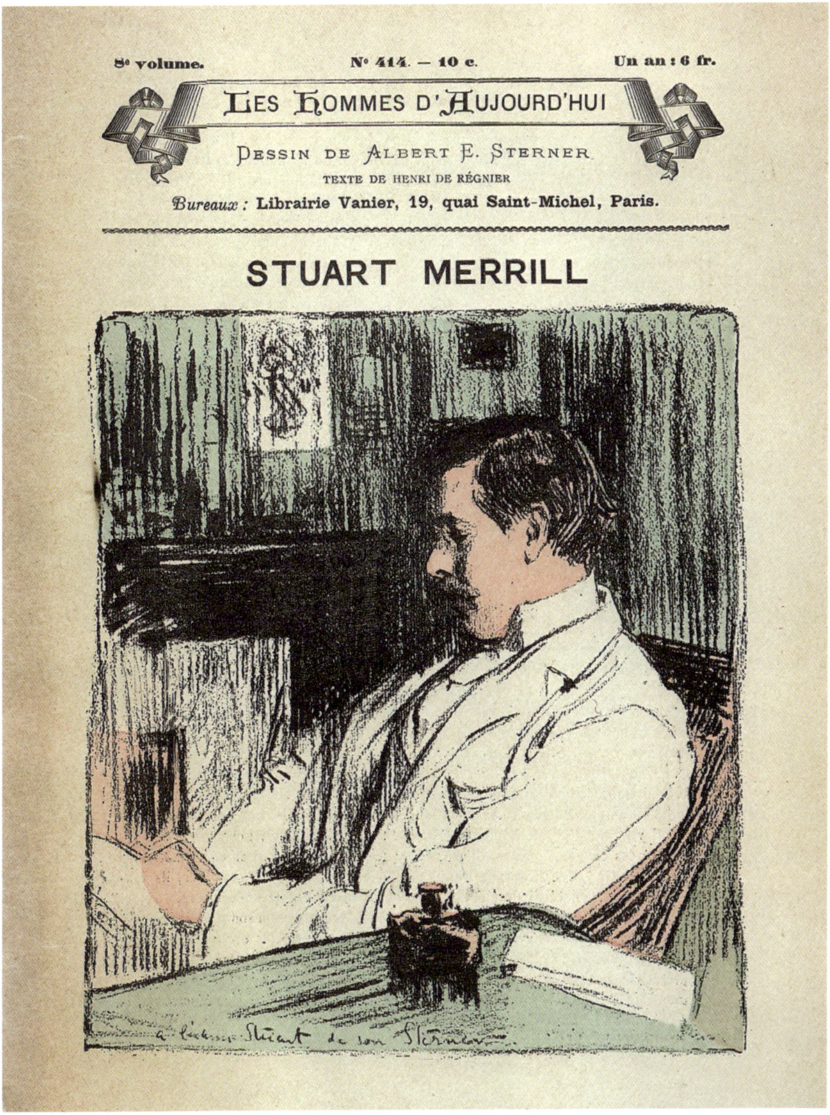

Les Hommes d'aujourd'hui,
n° 414 consacré à Stuart Merrill.
Dessin d'Albert E. Sterner. Vulaines-sur-Seine,
musée départemental Stéphane Mallarmé.

« protecteur » de Méry Laurent, l'amie de cœur de Mallarmé : celui-ci n'apprécia guère cependant la ladrerie du riche docteur à l'égard de son ami Whistler et le traita, à l'occasion, « d'homme mal élevé [74] ». Ami des impressionnistes, Mallarmé n'ignora pas le talent de Mary Cassatt, originaire de Pittsburgh, mais fixée à Paris depuis 1872, avec qui il dînait parfois, en compagnie de Degas. Un autre peintre, de moindre réputation, Louis Welden Hawkins, né en Allemagne de parents britanniques, opta en 1895 pour la nationalité française : fréquentant de nombreux artistes et écrivains, il offrit à Mallarmé, pour lui témoigner son amitié, un tableau intitulé *La Porte fermée* [75], pour lequel il reçut un chaleureux remerciement : « Voilà une œuvre, à mon mur, bibelot autant que tableau, talisman de longues heures, que nul regard ne peut épuiser : merci de votre présence ainsi, en attendant que j'aille bientôt vous serrer affectueusement la main, cher ami, et me dire très touché [76]. »

Deux poètes d'origine américaine ont fait partie du cercle des proches disciples de Mallarmé. Stuart Merrill, né près de New York, arriva très jeune à Paris et fit ses études au lycée Condorcet en compagnie d'autres futurs mallarméens, en particulier André Fontainas et René Ghil. Il partagea sa vie entre les deux côtés de l'Atlantique, publiant aussi bien à Paris, pour ses recueils poétiques *(Les Gammes, Les Fastes, Petits Poèmes d'automne)* qu'à New York, pour y faire connaître par la traduction ses contemporains de langue française, et notamment Mallarmé dont il traduisit « Plainte d'automne » et « Frisson d'hiver » *(Pastels in Prose)*. Francis Vielé-Griffin, descendant d'une famille huguenote émigrée au début du XVIIe siècle, né à Norfolk (Virginie), revint en France avec sa mère et sa sœur en 1872 et s'y établit définitivement, tout

[74] *Corr.*, IV, p. 256.

[75] Vulaines-sur-Seine, musée départemental Stéphane Mallarmé.

[76] *Corr.*, VIII, pp. 105-106.

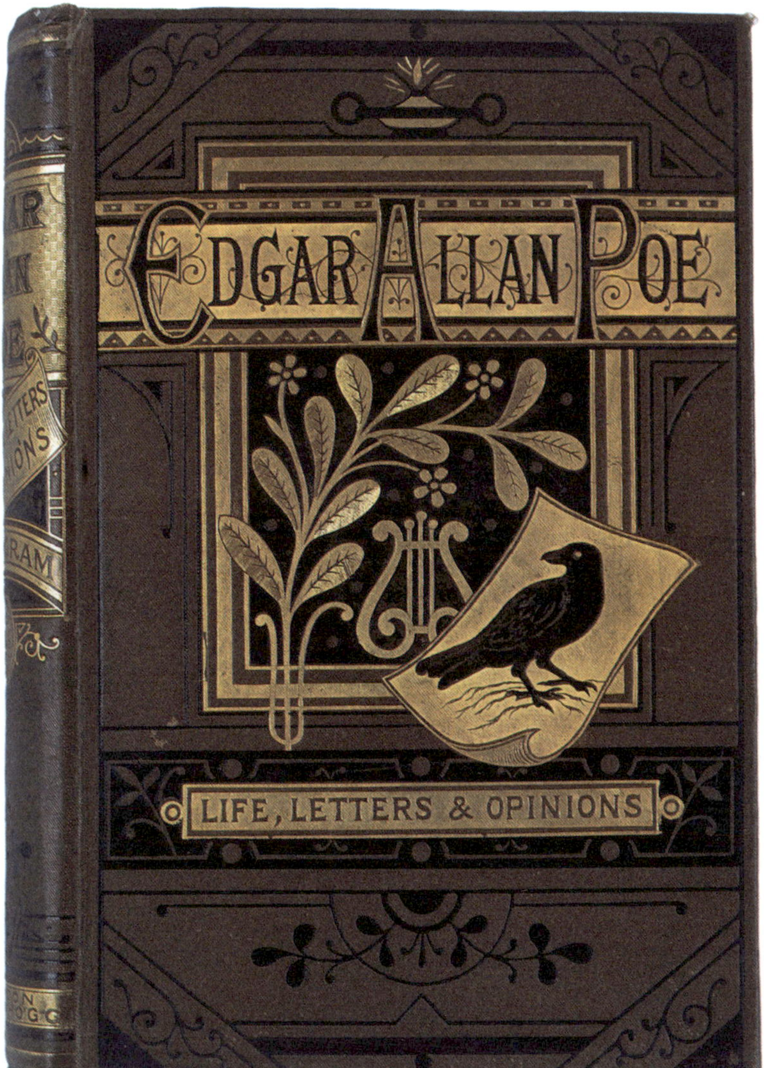

John H. Ingram, *Edgar Allan Poe. His Life, Letters and Opinions.* With portraits of Poe and his mother. London, John Hogg, 1880. Édition originale. Vulaines-sur-Seine, musée départemental Stéphane Mallarmé.

en conservant la nationalité américaine. Ami d'Henri de Régnier et de René Ghil, il fut un des promoteurs du vers libre. On a vu qu'il avait aidé Mallarmé à peaufiner sa traduction du *Ten O'Clock* de Whistler.

Parmi les hôtes de passage qui visitèrent Mallarmé à Paris, Henri Mondor [77] a relevé entre autres les noms d'Arthur Symons, traducteur d'« Hérodiade » et d'autres poèmes, qui publiera en 1899 un important ouvrage intitulé *The Symbolist Movement in Literature* ; de John Ingram, le défenseur d'Edgar Poe ; de Charles Whibley, beau-frère de Whistler ; de John Payne, qui se considérait comme le frère de Mallarmé [78] ; de Houston Stewart Chamberlain, futur gendre de Wagner, qui contribua à introduire en France l'œuvre du maître de Bayreuth ; du romancier irlandais George Moore, qui a laissé une intéressante description de l'appartement de la rue de Rome. Mondor a aussi souligné sans aménité « la présence un peu lourde d'O[scar] Wilde, en habit, lustré, cosmétiqué, couvert de bijoux sur sa graisse molle, décoré d'un chrysanthème mordoré, et qu'accompagne son favori Alfred Douglas, pasticheur balbutiant [79] ». Il y eut aussi Robert Harborough Sherard, qui évoquera assez longuement Mallarmé dans son livre de souvenirs, *Twenty Years in Paris,* avouant sa difficulté à saisir les subtilités de la langue du poète, y compris dans les situations les plus quotidiennes, pour savoir par exemple si une invitation à déjeuner avait ou non été acceptée [80] ; Louise Chandler Moulton, auteur de poèmes, de contes et de mémoires, que Mallarmé paraît avoir cherché à fuir à chacune de ses visites automnales [81], tout en s'excusant avec la plus exquise politesse d'être justement à Valvins alors qu'elle passe quelques jours

[77] Mondor, 1941, pp. 408, 466-467.

[78] Envoi manuscrit de John Payne sur un exemplaire de *Lautrec. A Poem* : *À Stéphane Mallarmé, son frère, John Payne.* Vulaines-sur-Seine, musée départemental Stéphane Mallarmé.

[79] Mondor, 1941, pp. 497-498.

[80] Sherard, 1905, p. 390.

[81] *Corr.*, IX, p. 14.

Carl Sadakichi Hartmann, *A Japanese Reminiscence, II.* Pastel sur papier, offert par l'auteur à Stéphane Mallarmé en 1894. Collection particulière.

à Paris [82] ; Carl Sadakichi Hartmann, allemand par son père, japonais par sa mère, mais journaliste et écrivain aux États-Unis, qui offrit à son hôte parisien une vue du mont Fuji au pastel, lui envoya plusieurs de ses drames religieux et se rappela dans un article avoir passé « Un mardi soir chez Stéphane Mallarmé [83] ». D'autres viennent chercher Mallarmé jusque dans sa retraite de Valvins, comme ce Charles Francis Keary, un ami de Charles Whibley, recommandé par Marcel Schwob et ancien conservateur des monnaies et médailles au British Museum [84], qui laissa à son hôte un exemplaire de son livre *A Wanderer,* publié sous un pseudonyme en forme de calembour, H. Ogram Matuce [85].

[82] *Corr.*, VII, p. 272.

[83] *Corr.*, V, p. 130.

[84] *Corr.*, IX, p. 300.

[85] Vulaines-sur-Seine, musée départemental Stéphane Mallarmé.

James McNeill Whistler

Parmi toutes ces relations plus ou moins durables et profondes se détache celle qui unit pendant dix ans Mallarmé et le peintre d'origine américaine James Abbott McNeill Whistler, de janvier 1888 à la mort du poète en septembre 1898. Il subsiste heureusement de fort nombreux témoignages de cette amitié exceptionnelle, en particulier un très abondant échange de correspondance qui a fait l'objet d'une publication par Carl Paul Barbier en 1964 avant d'être repris, pour les lettres de Mallarmé à Whistler, dans l'édition de la correspondance complète du poète. Nombre de ces lettres témoignent de l'admiration réciproque des deux hommes et les missives de Mallarmé commentent notamment avec enthousiasme les estampes que Whistler lui faisait parvenir : « Quelle merveille ! et pourtant je ne sais si ma joie d'y jeter les yeux, pendue au mur de la petite salle que vous connaissez, ne vient pas, autant de

James McNeill Whistler,
Stéphane Mallarmé, 1892. Lithographie.
Dédicacé : *à mon Mallarmé.* Vulaines-sur-Seine,
musée départemental Stéphane Mallarmé.

Page de droite :
James McNeill Whistler, *The Tyresmith, Chelsea,* 1890. Lithographie. Paris, Bibliothèque nationale de France, département des estampes et de la photographie.

l'attention exquise, vraiment, que de la beauté de votre œuvre » s'écrie-t-il en recevant la lithographie *The Dancing Girl*, le 5 janvier 1890 [86]. Il écrit aussi le 31 octobre de la même année, à propos de *The Winged Hat* : « La lithographie m'enchante, vous la traitez en maître absolu, du premier coup, comme l'eau-forte : et quel dessin, mon cher Whistler ! mordant et élégant, de charme suprême. Merci [87]. » Et encore, le 17 novembre, en recevant le numéro de *The Whirlwind* où l'on découvre son « Billet à Whistler » et la lithographie *The Tyresmith* : « Tout cela est fait Whistleriennement : cette page entière, inoui ! je n'ai jamais présenté aux cieux le linge d'un si impeccable plastron ; et cela à côté d'une œuvre de vous, laquelle, des deux est le vrai *Song* [88]. » Parmi les estampes les plus célèbres de Whistler, on se doit de mentionner les portraits de Mallarmé et celui de sa fille, Geneviève : sur l'exemplaire du portrait de son ami Stéphane, que Whistler lui avait offert, figure la touchante dédicace : *à mon Mallarmé* [89].

James McNeill Whistler,
Rose et gris. Portrait de Geneviève Mallarmé,
1897. Collection particulière.

[86] *Corr.*, IV, p. 24.
[87] *Corr.*, IV, p. 157.
[88] *Corr.*, IV, p. 159.
[89] Vulaines-sur-Seine, musée départemental Stéphane Mallarmé.

Un chef-d'œuvre encore, fruit de cette amitié : le portrait à l'huile de Geneviève, *Rose et gris,* peint à Valvins en une seule journée, le 20 octobre 1897 [90].

Mallarmé : un lien entre les cultures française et anglo-saxonne

En de nombreuses occasions, Mallarmé chercha à favoriser une meilleure connaissance réciproque de la culture anglo-saxonne en France et de la culture française en Grande-Bretagne et aux États-Unis. Les traductions des écrivains anglais que nous avons mentionnées participaient bien sûr de la première de ces démarches, mais elles sont complétées par des études publiées sous forme d'articles, commentant en particulier des ouvrages qu'il avait reçus : « *Erechtheus,* tragédie de Swinburne », dans la *République des lettres* du 20 février 1876 et dans le *Mercure de France* en octobre 1891 [91] ; *Les Chants de vie et de mort* de John Payne, puis *New Poems* du même auteur, insérés dans la rubrique tenue par Théodore de Banville dans *Le National,* à la date du 15 juillet 1872 pour le premier, du 1er mars 1880 pour le second [92] ; une notice sur « The Raven » de John Ingram, dans *Le Monde poétique* de novembre 1886 [93]. Dans l'autre sens, les divers « Gossips » qu'il propose à *The Athenaeum, Journal of English and Foreign Literature, Science, the Fine Arts, Music and the Drama,* en 1875-1876, visent à faire connaître de l'autre côté de la Manche, sous la forme de petites notes comparables à celles qu'il insère à la même époque dans son éphémère revue *La Dernière Mode,* ce que Mallarmé juge le plus intéressant dans l'actualité de la littérature, du théâtre et des arts en France [94]. Les articles parus dans *The National Observer* en 1892 et 1893 participent du même esprit.

[90] Collection particulière.
[91] *OC,* II, pp. 1702-1703.
[92] *OC,* II, pp. 1688 et 1705.
[93] *OC,* II, p. 1706.
[94] *OC,* II, pp. 1696-1698.

Mallarmé et Whistler : une amitié rare

Mary Ann CAWS

« Un Monsieur rare, prince en quelque chose, artiste décidément, désigne que c'est lui, Whistler, d'ensemble comme il peint toute la personne – stature, petite à qui la veut voir ainsi, hautaine, égalant la tête tourmentée, savante, jolie ; et rentre dans l'obsession de ses toiles. Le temps de provoquer ! L'enchanteur d'une œuvre de mystère close comme la perfection, où notre cohue passerait même sans hostilité, a compris le devoir de sa présence [...]. Cette discrétion [...] éclate en le vital sarcasme qu'aggrave l'habit noir ici au miroitement de linge comme siffle le rire [1]. »

Quelle admiration Mallarmé n'a-t-il pas vouée à son ami le peintre ! Il fut intrigué dès le début par la rapidité des pensées de Whistler et son côté bizarre. Il l'avait rencontré tout d'abord avec Théodore Duret au cours de l'année 1886-1887, et ensuite dans le studio de Manet, et encore par l'intermédiaire de Monet, qui l'avait invité à se joindre à eux au déjeuner un dimanche matin :

« Je suis ici avec Whistler de passage à Paris et qui serait très heureux de faire plus ample connaissance avec vous.

Si cela vous est possible voulez-vous venir déjeuner avec nous ce matin rendez-vous 11 h 1/2 café de la Paix [2]. »

Il se produit, paraît-il, un coup de foudre entre les deux, Mallarmé et Whistler, dont le visage et la personnalité ont tout de suite séduit le poète. Comme le raconte Henri de Régnier :

« Dès l'abord, Mallarmé subit le prestige de Whistler et fut touché comme par un sceptre de magicien par la badine d'ébène dont jouait également ce grand dandy de la peinture. Tout chez Whistler motivait la curiosité et l'attrait qu'éprouvait pour lui Mallarmé : son art mystérieux et raisonné, plein de subtiles pratiques et de recettes compliquées, la singularité de sa personne, la nervosité intelligente de son visage, la mèche blanche qui se mêlait à sa noire chevelure, le monocle diabolique retenant le froncement de son sourcil, son esprit prompt aux réparties cinglantes et aux répliques cruelles [3]. »

Bref, ils sont devenus amis, pour la vie, ce qui a étonné les amis de Mallarmé,

[1] « Whistler », *Divagations, OC*, II, p. 146.
[2] Barbier, 1964, p. 7.
[3] Barbier, 1964, p. 7.

car Whistler avait la réputation (méritée) d'être un homme très difficile.

Les traits qu'ils partageaient pourraient se grouper sous la rubrique du japonisme – et pourraient se caractériser par la légèreté du papillon, avec lequel le peintre signait ses œuvres. Suggérer, ne pas se poser lourdement pour expliquer, ne jamais en mettre trop – exactement les raisons des attaques contre l'art de Whistler, car il avait l'air incomplet, comme une esquisse. De même les poèmes de Mallarmé. Si Burne-Jones a porté son témoignage infâme contre Whistler pendant le procès Ruskin dans ce sens-là, nous avons tendance à croire actuellement que c'est précisément la raison principale de leur importance à tous deux par rapport à la modernité – cet art de l'incomplet. Whistler était d'accord : je ne fais que des esquisses, dit-il. Ses arrangements, dans leur non-référence, pourraient s'appeler de la poésie pure. « En utilisant le mot "nocturne", je voulais indiquer seul un intérêt artistique, enlevant n'importe quoi d'extérieur à la peinture [4]. »

Parmi plusieurs techniques comparables qu'utilisent Whistler et Mallarmé, je voudrais en nommer quatre, qui s'interpénètrent souvent, et qui ont à voir avec le japonisme – ou, plus largement, avec l'inspiration orientaliste. D'abord, cette légèreté – les vers de Mallarmé sur les éventails ne pèsent pas plus que des papillons. Ensuite, la façon d'enlever les côtés de l'image, pour que le spectateur se sente plongé *in media res*, dans l'immédiateté de la chose ou de l'action. Voir, par exemple, les eaux-fortes comme *Black Lion Wharf*, où nous ne voyons pas le personnage plus bas que les genoux, ou *The Pool*, où il ne se voit pas au-dessous des chevilles – pour que nous nous sentions attirés vers et même dans le bateau. De même pour les personnages

[4] Merril, 1992, p. 236.

des poèmes de Mallarmé : cette femme invisible mais dont la présence s'annonce encore plus forte par suggestion. Et puis l'accent mis de côté, rarement dans le centre, justement comme l'inscription du « rien » dans le poème « Salut ». Et finalement, les répétitions et rimes visuelles ou verbales d'une subtilité extraordinaire – beaucoup plus que ne le ferait un contraste simple. Whistler en parle comme d'une couleur brodée sur le canevas [5].

C'est de l'art minimaliste dans les deux cas – avec l'attention portée sur l'espace négatif : la fleur « absente de tous les bouquets » et les marins de Whistler, si nus, si estompés.

Du côté professionnel, Mallarmé a traduit, avec George Moore et Francis Vielé-Griffin, la conférence que Whistler a prononcée le 20 février 1885 au Prince's Hall, à 10 heures du soir – pour s'assurer de l'accueil favorable des gens dans l'assistance, qui pourraient mieux l'écouter, ayant pris leur souper. Mallarmé fut intrigué par les attaques ironiques dans cette diatribe contre les professeurs qui ne font que dénoncer et désespérer, et les historiens de l'art qui ne font que classifier – tandis que les vrais peintres, créateurs, sont, dit-il, des monuments d'isolement, à part et à côté.

[5] Spencer, 1980, p. 13.

Le ton biblique et pointu a fasciné Mallarmé – comme un poème en prose, dont les lignes ressemblaient, disait-il, aux pointes-sèches du maître. L'auteur a signé avec un papillon, la queue levée de colère.

Et le compte rendu du procès contre Ruskin par Whistler, dont celui-ci avait envoyé la transcription whistlérienne au poète, a bien amusé Mallarmé, qui l'a lue à haute voix plusieurs fois : « Quelle représentation idéale ! »

Un jour, pour un numéro du journal *The Whirlwind*, le poète a écrit un sonnet pour rimer avec le nom du peintre :

Pas les rafales à propos
De rien comme occuper la rue
Sujette au noir vol de chapeaux :
Mais une danseuse apparue

Tourbillon de mousseline ou
Fureurs éparses en écumes
Que soulève par son genou
Celle même dont nous vécûmes

Pour tout, hormis lui, rebattu
Spirituelle, ivre, immobile
Foudroyer avec le tutu,
Sans se faire autrement de bile

Sinon rieur que puisse l'air
De sa jupe éventer Whistler[6].

Paul-César Helleu, *James McNeill Whistler*. Pointe-sèche. Paris, Bibliothèque nationale de France, département des estampes et de la photographie.

Leurs noms et leurs œuvres se mariaient bien, et cette conjonction a scellé leur amitié fort chaleureuse, au point que les amis du poète s'émerveillaient – considérant que les manières de Whistler étaient très peu conventionnelles.

Si Mallarmé voulait tellement traduire la conférence qui s'appelle le « *Ten O'Clock* », ce n'était pas seulement qu'il partageait les convictions du peintre, mais surtout parce qu'il lui semblait que Whistler représentait en anglais exactement sa propre attitude – les deux se trouvaient bien seuls dans leur travail. Leur collaboration a offert encore une chance à l'amitié. Le Virginien Vielé-Griffin a participé à la traduction, mais après quelques discussions à ce sujet, son nom ne paraît point, ni même ses initiales. De toute façon, ce travail de traduction a bien scellé leur amitié.

[6] Barbier, 1964, p. 75.

Mallarmé a apprécié la conjonction de leurs noms, et son portrait de Whistler dans les *Divagations* a plu au peintre. Tous les deux ont souffert des critiques des gens qui trouvaient leurs esquisses, si légères en apparence, trop nues. Quelques-uns des plus beaux témoignages de cette amitié affectueuse se manifestent dans des lettres whistlériennes, dont ces exemples suffiront à donner le ton. À chaque fois, ce ton diffère énormément de la vantardise coutumière du peintre :

Whistler à Mallarmé,
début d'octobre 1896 (?)

« Mallarmé ! Mon ami êtes vous à Paris ?

[...]

Pour Moi – je ne comprends rien – si non que Mallarmé m'aime – et que nous aimons toujours Mallarmé [7] – »

Et celle-ci, du même mois :

« Je traverse Paris et je rentre à Londres, pour me retrouver seul et timide avec mon travail (qui m'en voudra peut-être de l'avoir quitté) et pour faire face riante et brave à mes enn[e]mis –

Je suis enfin toujours seul – seul comme a dû l'être Edgar Poe, à qui vous m'avez trouvé d'une certaine ressemblance – Mais en vous quittant, il me semble dire Adieu à un autre moi ! – seul dans votre Art comme je le suis dans le mien – et en vous serrant la main ce soir, j'ai éprouvé le besoin de vous dire combien je me sens attiré vers vous [8]. »

De tous les portraits de Mallarmé, le poète a préféré celui, réalisé par Whistler, qui figure dans l'édition dans son *Vers et Prose* de 1894. Il a été fait dans une toute petite chambre de l'hôtel Bon-Lafontaine, rue des Saints-Pères, où Mallarmé se brûlait les jambes contre le radiateur, sans se plaindre. Ce fut dessiné sur le papier du Japon le plus mince possible, tracé sur la couverture irrégulière d'un livre pour utiliser son grain, puis transféré sur une pierre lithographique. Mallarmé a donné le titre *Chants en pierre* à ces dessins et Heinemann devait en faire un livre – mais Belfont a fait faillite, et les pierres ont été perdues.

[7] Barbier, 1964, p. 255.

[8] Barbier, 1964, p. 257.

Whistler écrit à sa belle-sœur Rosalind Birnie Philip en avril 1897 : « Je suis d'accord avec toi, Mallarmé est peut-être singulièrement difficile à comprendre, mais c'est le plus charmant et raffiné des humains, et l'ami le plus loyal et le plus cher [9]. » Quand il est malade, alité, en novembre de l'année suivante, il écrit :

Paris, mercredi 3 novembre 1897
Whistler à Mallarmé

« Mallarmé ! – mon ami !

[…]

Maintenant mon très cher Mallarmé pourquoi n'estes vous pas ici ! Alors tout irait bien – et maintenant tout est fort embrouillé ! !

Le docteur m'ordonne le plus grand calme – même cette lettre me serait défendue – je crois bien, si il voyait le grand style de l'ouverture !

[…]

Et revenez moi Mallarmé. Laissez donc la pauvre dernière feuille encore sur l'arbre, et revenez nous [10]. »

Là, Whistler parle de sa vraie et profonde affection pour cet ami qu'il a tellement aimé.

Je crois, enfin, que Mallarmé était la seule personne, à part sa femme bien-aimée, Trixie, à tellement émouvoir Whistler. À sa mort, après avoir reçu un télégramme de Geneviève : « OH CHER MONSIEUR WHISTLER PÈRE EST MORT CE MATIN », Whistler a écrit à Geneviève combien il partageait son deuil et celui de sa mère :

Whistler à Geneviève Mallarmé
Londres, mercredi 14 septembre 1898

« Je pleure avec vous deux – inconsolable !, "mon Mallarmé !" – vous savez bien – je l'aimais tant !
Hélas ! –
Il était si noble – et je le trouvais si beau [11] ! »

Et cette fois-ci, il signe avec tout l'amour authentique qu'il éprouvait pour son ami, non comme un papillon, mais comme « son ami aimé ». Cela, ils l'étaient l'un pour l'autre.

[9] Barbier, 1964, p. 262.
[10] Barbier, 1964, p. 269.
[11] Barbier, 1964, p. 289.

Citations extraites de *Correspondance Mallarmé-Whistler. Histoire de la grande amitié de leurs dernières années.* Recueillie, classée et annotée par Carl Paul Barbier. Paris, A. G. Nizet, 1964.

« Pour mieux lire Mallarmé… »

Marshall C. OLDS

– Un Américain spécialiste de Mallarmé ! Mais comment cela est-il possible ?

Cette réaction n'est pas rare chez bien des Français de bonne volonté, mais tout de même quelque peu méfiants.

– Après tout, le langage de Mallarmé est déjà si hermétique même pour nous autres Français ; que peut-il donc être pour un Anglo-Saxon ! Étudier le français *pour mieux lire Mallarmé,* quelle idée !

– Mais oui, peut-on répondre, le poète est depuis longtemps lu, apprécié, et même compris, non seulement dans le pays d'Edgar Poe et dans celui de Shakespeare, mais aussi en Italie, en Allemagne, en Hongrie, en Russie, au Japon, en Amérique centrale et du Sud… Comme tout grand écrivain, de France ou d'ailleurs, Stéphane Mallarmé fait partie du fonds littéraire mondial. Bien qu'il n'ait jamais cherché la renommée, il n'aurait pas souhaité autrement cet héritage, comme en témoigne son désir – inspiré par l'idéalisme des félibres – que l'exercice de la poésie fût un compagnonnage international, les poètes se lisant les uns les autres à travers les langues et au-delà des frontières.

Limitons-nous ici pourtant au seul monde anglophone, car on le sait – et cette exposition le démontre encore – les rapports qu'entretint le poète avec cet univers furent tout particuliers. Étudiant l'anglais « pour mieux lire Poe » et

Page de droite : *The Savoy.* An Illustrated Monthly, edited by Arthur Symons, N° 8 and last, December 1896. Contient la traduction en anglais d'« Hérodiade » de Stéphane Mallarmé par Arthur Symons. Vulaines-sur-Seine, musée départemental Stéphane Mallarmé.

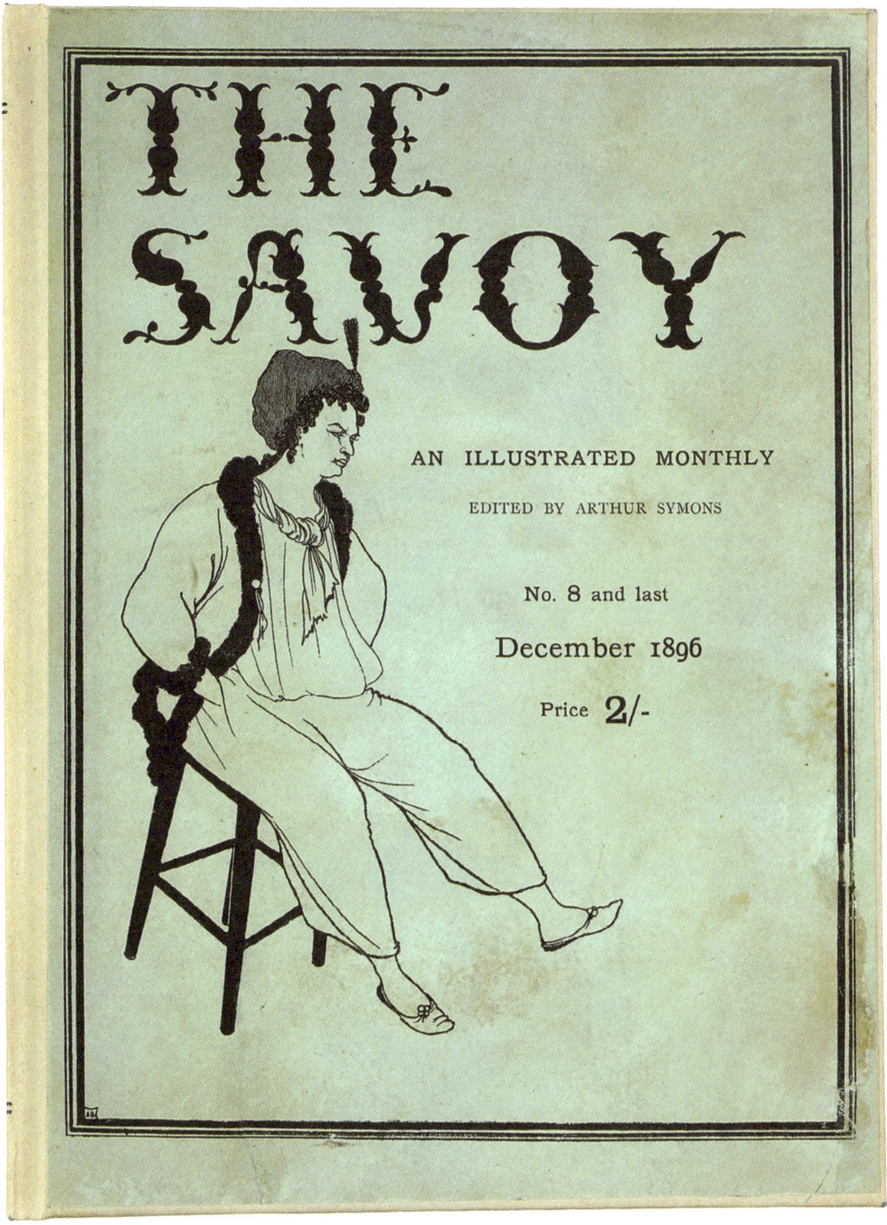
THE SAVOY
AN ILLUSTRATED MONTHLY
EDITED BY ARTHUR SYMONS
No. 8 and last
December 1896
Price 2/-

ensuite professeur de cette langue, très fin lecteur de Shakespeare, traducteur, ami et correspondant de nombreux Américains, Anglais, Australiens, Gallois et Irlandais, Stéphane Mallarmé se porta vers le monde anglo-saxon sa vie durant. Et l'inverse est vrai : pour certains lecteurs anglophones de la littérature française, les écrits de Mallarmé ont toujours été une lecture de choix. L'étrange beauté des vers, la qualité du regard et de la pensée qui les animent, et l'écho que l'on entend parfois de textes qui s'inscrivent dans notre tradition, exercent un pouvoir auquel il est difficile de résister. La preuve ? Il n'est que de nommer quelques-uns de ceux qui se sont trouvés sous l'influence de ce sortilège : W. B. Yeats, Oscar Wilde, James Joyce, T. S. Eliot, Wallace Stevens, Paul Auster…

Il est utile de se pencher sur les premières réactions à cette œuvre difficile, surtout de ceux qui eurent un contact direct avec le poète. On pense à deux exemples clés, dont le premier est celui d'Arthur Symons, qui venait aux Mardis, rue de Rome. C'est en 1890 que ce jeune poète et homme de lettres gallois commence à fréquenter ces réunions où Mallarmé exerce une calme tyrannie en parlant du nouvel art poétique. Symons a dû être un interlocuteur de premier ordre pour le maître, car celui-ci lui permet de publier la traduction du fragment d'« Hérodiade », parue en décembre 1896, dans *The Savoy*. En vers rimés, c'est l'une des premières traductions et aussi l'une des plus belles. En voici un extrait dialogué entre la princesse et sa nourrice :

Hérodiade
So rare a crystal is my dreaming heart
I live in a monotonous land alone,
And all about me lives but in mine own
Image, the idolatrous mirror of my pride,
Mirrowing this Hérodiade diamond-eyed.
I am indeed alone, O charm and curse !

Nurse
O lady, would you die then ?

Hérodiade
No, poor nurse.

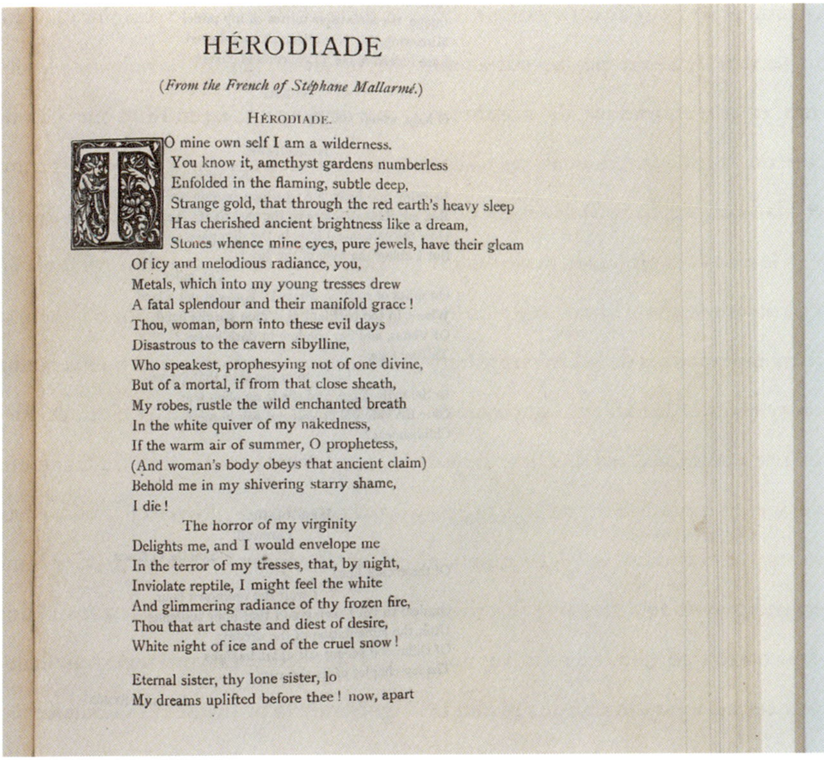
HÉRODIADE

(*From the French of Stéphane Mallarmé.*)

HÉRODIADE.

TO mine own self I am a wilderness.
You know it, amethyst gardens numberless
Enfolded in the flaming, subtle deep,
Strange gold, that through the red earth's heavy sleep
Has cherished ancient brightness like a dream,
Stones whence mine eyes, pure jewels, have their gleam
Of icy and melodious radiance, you,
Metals, which into my young tresses drew
A fatal splendour and their manifold grace !
Thou, woman, born into these evil days
Disastrous to the cavern sibylline,
Who speakest, prophesying not of one divine,
But of a mortal, if from that close sheath,
My robes, rustle the wild enchanted breath
In the white quiver of my nakedness,
If the warm air of summer, O prophetess,
(And woman's body obeys that ancient claim)
Behold me in my shivering starry shame,
I die !
The horror of my virginity
Delights me, and I would envelope me
In the terror of my tresses, that, by night,
Inviolate reptile, I might feel the white
And glimmering radiance of thy frozen fire,
Thou that art chaste and diest of desire,
White night of ice and of the cruel snow !

Eternal sister, thy lone sister, lo
My dreams uplifted before thee ! now, apart

The Savoy. An Illustrated Monthly, edited by Arthur Symons, N° 8 and last, December 1896. Traduction en anglais d'« Hérodiade » de Stéphane Mallarmé par Arthur Symons. Vulaines-sur-Seine, musée départemental Stéphane Mallarmé.

En 1899, l'année qui suit la mort du poète, Symons publie, à Londres, un influent ouvrage qui situe Mallarmé dans le contexte de la nouvelle littérature française, *The Symbolist Movement in Literature*. Ce texte connaît un grand succès et sera édité en 1907 aux États-Unis. « Le suprême artifice de la poésie mallarméenne vient de l'emploi des mots comme s'ils n'avaient jamais existé auparavant, de la quête quelque peu chimérique de la virginité du langage. » Cette attitude, selon Symons, visible ailleurs mais réfléchie et approfondie chez

Mallarmé, a révolutionné la littérature, qui ne serait plus jamais une expression *naïve* ou *naturelle,* selon laquelle « un conte est un conte, et tous les contes sont bons ». Tête pensante du symbolisme, « Mallarmé a trouvé un nouveau – c'est-à-dire plus ancien – sens de la forme usée des choses ; vu sous cette lumière neuve, le monde s'est transfiguré. » Contenant des traductions de vers et de prose, ce livre, qui analyse la difficulté des écrits de Mallarmé ainsi que le sérieux des enjeux, fonde la tradition de la critique anglo-saxonne.

Parmi les premiers lecteurs anglophones du poète se trouvait un Australien d'origine irlandaise, Christopher Brennan. Il n'était pas des « mardistes », mais en 1893 il tombe sur un exemplaire de *Vers et Prose* de Stéphane Mallarmé ; c'est la révélation. Il veut tout connaître de Mallarmé ; il lui écrit et entretiendra une correspondance avec le poète français jusqu'à la mort de ce dernier. Les vers de Mallarmé le conduisent à découvrir l'ensemble de la littérature française et plus encore à se faire poète. En 1897, il envoie à Mallarmé son premier recueil de poèmes, *Towards the Source (Vers la source)* où Mallarmé voit « une parenté de songe ». Dans une belle lettre du 9 août 1897, Brennan lui écrit : « Il m'a été donné d'employer une langue qui dût me paraître étrangère, d'être coupé presque totalement des traditions légendaires de mes ancêtres celtes ; et, comme maint Irlandais qui trouva jadis en France un nouveau pays, j'ai trouvé dans sa littérature un génie, dans ses écrivains un style, auxquels je me sens attiré d'instinct, comme d'un retour au pays natal ». Cette généalogie ne s'arrête pas là. Poète, homme de lettres, mais aussi professeur de littérature française à l'université de Sydney, Christopher Brennan a fondé une tradition d'érudits de grande réputation – exégètes, historiens, biographes, critiques – ayant tous un regard passionné sur la poésie et particulièrement celle de Mallarmé. Certains sont restés en Australie ; bien d'autres ont rejoint au fil des générations d'autres pays anglo-saxons. Cette filiation, qui remonte jusqu'à Mallarmé lui-même, continue à exercer une influence importante par la qualité des livres et articles qui en découlent, et par la formation de jeunes esprits dans des facultés américaines, britanniques, canadiennes et, bien entendu, australes.

Comment les anglophones lisent-ils donc Mallarmé ? D'abord comme tout le monde, selon les deux sources de base : les dix volumes des *Documents Stéphane Mallarmé,* édités chez Nizet par le professeur Carl Barbier (Britannique de souche française) d'Édimbourg, et son disciple Gordon Millan, et la *Correspondance* du poète, que l'Australien venu à l'université de Cambridge – Lloyd Austin – mena à bien en onze volumes chez Gallimard. L'immense bibliographie constituée par la critique anglo-saxonne contient, pour sa part, des exégèses et la présentation de trouvailles qui font partie de ce que l'on peut appeler la « tradition classique » des études mallarméennes et ne reflètent pas de biais culturel particulier. Cependant, on trouve des tendances comme celle (présente également dans la tradition allemande) qui est portée vers l'étude comparée. Aussi peut-on lire, par exemple, une étude sur le motif orphique chez Mallarmé, Novalis, Rilke, et Blanchot ; ou celle qui analyse la crise référentielle du langage poétique chez Baudelaire, Mallarmé, Rimbaud, et Verlaine ; ou encore celle qui explore le fonctionnement du symbole, et du *symbolon,* dans les sonnets mallarméens et les tragédies de Sophocle.

Une autre tendance de la critique anglo-saxonne voit dans la poésie mallarméenne la formulation d'une pensée offrant des parallèles avec certaines philosophies ontologiques. Tout en reconnaissant à quel point le langage poétique et le langage philosophique sont différents, mais complémentaires, la discussion des rapports entre le poète et les philosophes allemands (Kant, Hegel, Nietzsche, Heidegger…) en particulier a été reprise au cours des années.

Les amitiés avec des peintres – Manet et Whistler, certes, mais aussi Cassatt, Degas, Gauguin, Morisot, et d'autres encore – ont invité à une réflexion sur Mallarmé et la peinture. Dans ses livres et articles, la critique anglo-saxonne s'est penchée sur l'image dans les vers mallarméens dans lesquels on trouve un vocabulaire du visuel mais aussi une pratique qui tend à obscurcir l'image, voire à la faire disparaître : « À la fenêtre recelant », « Une dentelle s'abolit », « Rien, cette écume »… C'est une pratique qui attire des comparaisons avec la peinture de son temps, où la fonction mimétique de l'art est mise en question et où la représentation picturale tend vers l'abstraction. Parmi les sujets souvent traités figurent Mallarmé et l'impressionnisme, et toute l'activité artistique qui foisonnait alors (Degas, Toulouse-Lautrec, Whistler, Van Gogh, l'intérêt porté à la peinture japonaise), mais aussi des comparaisons avec les peintres du rêve, dits « symbolistes », tels Gauguin, Moreau et Redon.

Images dans la poésie, mais aussi images *de* la poésie : l'un des sujets qui ont fasciné le monde anglo-saxon est le caractère visuel du texte poétique dans le jeu entre les silences du poème et ce qui est dit, entre les blancs et les lettres imprimées. On sait à quel point Mallarmé était conscient de la présentation sur la page du poème, de la prise en compte des espaces blancs – des interlignes mais aussi des intervalles entre les mots mêmes jusqu'au vers brisé dans le « Faune » et dans « Hérodiade » – et surtout de la conception révolutionnaire de la page imprimée dont témoigne le « Coup de dés ». Ce dernier grand texte mallarméen a souvent été l'objet des études d'Anglo-

Saxons qui analysent comment l'aspect visuel du poème va au cœur même de la poétique mallarméenne où l'absence côtoie la présence, où les silences font partie de l'expressivité du poème. Publié en 1897 à la veille de la disparition du poète et réédité en 1914, « Un coup de dés jamais n'abolira le hasard » a aussi été étudié dans son rapport avec la révolution visuelle du XXe siècle : les collages de Picasso, les calligrammes d'Apollinaire, les assemblages de Cornell.

Une dernière catégorie de lecture – mais non des moindres – est celle du théâtre et de la musique, tantôt pris séparément, tantôt considérés ensemble dans leur double rencontre sous la forme de la danse ou sous celle de l'opéra wagnérien. Dès les années 1865-1869, qui ont vu les premières versions du « Faune » présentées sous forme de monologue théâtral, la « Scène » dialoguée d'« Hérodiade », et le conte *Igitur* où Mallarmé fait appel à l'imagination scénique du lecteur, le théâtre a exercé sur le poète une véritable hantise, qui ne devait plus le quitter. Attentive non seulement aux poèmes qui engagent les différentes notions de la théâtralité, mais aussi aux essais sur le spectacle – pièces shakespeariennes, concerts Lamoureux, l'opéra de Wagner, la danse de Loïe Fuller – , et sur le décoratif dans

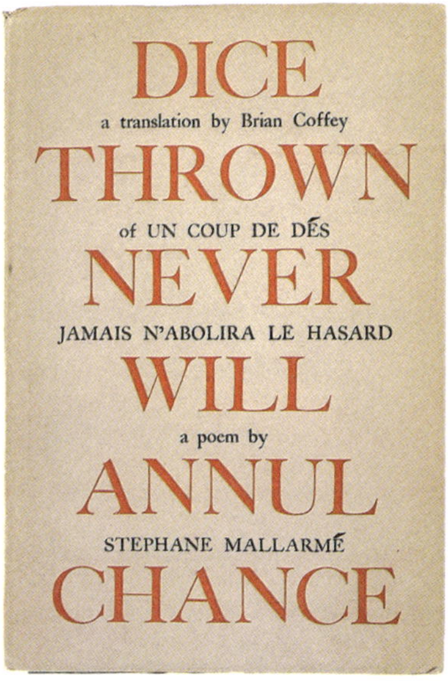

Dice Thrown Never Will Annul Chance, a translation by Brian Coffey of « Un coup de dés jamais n'abolira le hasard », a poem by Stephane Mallarmé. Dublin, The Dolmen Press, 1965. Vulaines-sur-Seine, musée départemental Stéphane Mallarmé.

La Dernière Mode, la critique anglo-saxonne a suivi la pensée de Mallarmé dans sa quête pour réunir tous les arts dans un genre totalisant qui répondrait au *Gesamptkunstwerk* wagnérien par sa subtilité formelle et par la largeur de sa vision mythique. Théâtre et musique virtuels, contenus dans le langage poétique, certes ; mais on trouve aussi des études sur la poésie de Mallarmé dans son rapport avec le théâtre symboliste de Maeterlinck, et avec les compositions musicales de Debussy, de Wagner et de Boulez.

Faite d'exégèses informées d'une grande érudition, de lectures d'une impressionnante envergure critique, la critique anglo-saxonne est d'une richesse considérable. Mais se trouve-t-il, dans tout cela, des perspectives qui ne peuvent être que de provenance anglophone ? La réponse est affirmative, et pour l'illustrer j'apporte trois exemples à l'appui – américain, anglais et australien – qui ont eu (pour qui sait les lire !) une profonde influence sur la façon de lire Mallarmé.

Dans son *Toward the Poems of Mallarmé (Vers les poèmes de Mallarmé),* Robert Greer Cohn, aujourd'hui professeur émérite à l'université de Berkeley en Californie, apporte à sa lecture de l'œuvre du poète une analyse des *Mots anglais,* traité pédagogique qu'entama Mallarmé vers 1877, où le professeur d'anglais démontre, à partir de leur fréquence, comment certaines lettres dans le lexique anglais signaleraient une parenté entre les mots et les lettres qui porteraient *en elles-mêmes* une valeur sémantique. En 1965, le geste de Robert Cohn était aussi insolite que révélateur. Tout en tenant compte de la différence entre les deux langues, anglaise et française, et aussi de leurs similarités, il y décèle un réseau de divers groupements d'images, tous porteurs de signification, résultant de la rencontre entre le thématisme des poèmes et la réflexion sur les mots et les lettres, sur leur son et sur leur forme. Selon Cohn, ces groupements créeraient des sortes de pôles de signification entre lesquels jouent « les sens » du poème.

Mallarmé and the Art of Being Difficult (Mallarmé et l'art d'être difficile)… L'apparente simplicité du titre prête un peu à sourire, qui annonce en même temps l'entrée dans une matière de grande complexité par un esprit de grand raffinement. Aucun rapport ici entre *art* et *méthode,* ni pour Mallarmé ni pour le professeur de l'université de Cambridge (Angleterre) Malcolm Bowie, auteur de ce livre paru en 1978. Selon lui, l'obscurité de Mallarmé, sa difficulté, vient tantôt de l'ambiguïté sémantique de certains mots – tel le fameux « ptyx » –, tantôt d'une inintelligibilité linguistique plus large qui placerait le lecteur dans un univers d'incertitude semblable à celui qui vient de la spéculation métaphysique de Mallarmé lui-même. Ce qui caractérise l'analyse de Malcolm Bowie (et la rend caractéristique aussi) se trouve dans une description grammaticale très poussée, comme s'il s'agissait de rendre des vers de Virgile, suivie d'une déduction par rapport à la construction du sens des vers (à distinguer de l'impossible fixité de leur signification). Un exemple vient de sa

Malcolm Bowie, *Mallarmé and the Art of Being Difficult.* Cambridge, Cambridge University Press, 1978. Vulaines-sur-Seine, musée départemental Stéphane Mallarmé.

discussion du deuxième vers du redoutable « sonnet en -ix », dont voici le début :

Ses purs ongles très haut dédiant leur onyx,
L'Angoisse, ce minuit, soutient, lampadophore,
Maint rêve vespéral brûlé par le Phénix

« Les quatre idées du second vers ne se déroulent pas en une séquence syntactique continue, mais sont libres de développer de nouveaux rapports entre elles : "ce minuit" est strictement parlant une simple proposition adverbiale, mais sa signification devient poignante si on le lit en apposition à "L'Angoisse" ; "lampadophore" est nettement en apposition à "L'Angoisse", mais il invite également le paradoxe de le lire comme se référant à "ce minuit". Mallarmé a manipulé sa syntaxe afin de nous autoriser et de nous encourager à faire ces liens, et à voir ainsi l'angoisse comme une sorte de minuit et ce minuit comme une source d'illumination. »

Depuis *Life of Johnson (Vie de Johnson)* en 1791, de James Boswell, il n'y a pas de genre littéraire qui soit plus spécifique au monde anglo-saxon que la biographie. La raison en est sans doute, comme le suggère Rosemary Lloyd, qu'aucune attaque contre Sainte-Beuve et sa critique biographique n'y a forcé une séparation radicale entre l'homme, ou la femme, et son œuvre. Peut-être aussi que perdure dans le monde anglophone une fascination pour l'artiste autant que pour l'art, où l'objectif dans ce type d'étude ne serait pas de comprendre l'œuvre à travers l'homme, mais plutôt d'entrevoir l'homme à travers l'œuvre. Toujours est-il que dans le cas de Mallarmé cette relation a toujours été trouble : auteur d'ouvrages qui ont révolutionné la littérature moderne, l'homme lui-même mena une vie des plus discrètes. On aurait dit un bourgeois tranquille, écrivit Valéry. Mais il y a plus : Mallarmé veilla soigneusement à l'image que l'on se ferait de lui, comme s'il *vivait* aussi pour la postérité. Il se dévoile peu, et, surtout après 1871 et le retour à Paris, les documents qui peuvent éclairer sa vie se font rares. Où donc aller à la rencontre de l'homme ? Australienne ayant fait une partie de ses études en Angleterre et la plus grande partie de sa carrière à l'université d'Indiana aux États-Unis, Rosemary Lloyd aborde toutes difficultés avec finesse et érudition dans son étude de 1999, *The Poet and His Circle (Le Poète et son cercle)*. Hésitant à puiser exclusivement dans les écrits où l'image de soi est foncièrement *construite* – poèmes, essais, *La Dernière Mode* –, elle se tourne vers la correspondance où la présence d'un destinataire laisse apparaître l'homme au fin sourire, urbain, qui tend la main, toujours prêt à la conversation. La correspondance ainsi lue révèle peu de grands faits ; elle dévoile pourtant une manière d'être autant amicale que spirituelle que l'on peut reconnaître par la suite dans les poèmes.

Les Anglo-Saxons sont donc de bons lecteurs de Mallarmé, car ils ont bénéficié non seulement du double héritage Symons-Brennan, mais aussi de la tradition critique en langue française dont les origines remontent également jusqu'à des contacts avec le maître, mais des contacts où l'appropriation du langage mallarméen ne s'est pas faite – quoi qu'aient dit les mauvaises langues de l'époque qui prétendaient que Mallarmé n'écrivait pas en français – à travers l'apprentissage d'une langue étrangère. Et ce dernier fait explique sans doute en partie que la presque totalité des livres sur Mallarmé écrits par des auteurs anglophones le soient en anglais (bien que ces auteurs sachent parfaitement écrire le français). C'est non seulement parce qu'ils ont vocation à éclairer ceux de leurs compatriotes qui ne connaissent pas le plaisir de lire Mallarmé dans le texte, mais aussi parce que le monde poétique de Mallarmé – ce rapport si particulier qu'il avait avec la langue qu'il parlait – restera, même pour le lecteur l'ayant souvent exploré, un monde toujours à redécouvrir.

Bibliographie

Ouvrages cités en abrégé dans le texte

Ajalbert (Jean), *Mémoires en vrac, au temps du symbolisme, 1880-1890.* Paris, Albin Michel, 1938. (Ajalbert, 1938)

Correspondance Mallarmé-Whistler. Histoire de la grande amitié de leurs dernières années. Recueillie, classée et annotée par Carl Paul Barbier. Paris, A. G. Nizet, 1964. (Barbier, 1964)

Fargue (Léon-Paul), *Portraits de famille. Souvenirs.* S. l., J. B. Janin, éditeur, 1947. (Fargue, 1947)

Joseph (Lawrence), « Mallarmé et son amie anglaise », *Revue d'histoire littéraire de la France,* juillet-septembre 1965, n° 3 (65ᵉ année), pp. 457-478. (Joseph, 1965)

Mallarmé (Stéphane), *Correspondance.* Recueillie, classée et annotée par Henri Mondor et Lloyd James Austin. Paris, Gallimard, 1959-1985, 11 vol. *(Corr.)*

Mallarmé (Stéphane), *Lettres à Méry Laurent.* Paris, Gallimard, 1996. *(Lettres à Méry Laurent)*

Mallarmé (Stéphane), *Œuvres complètes,* I et II. Édition présentée, établie et annotée par Bertrand Marchal. Paris, Gallimard, 1998 et 2003. *(OC)*

Mallarmé (Stéphane), *Recueil de « Nursery Rhymes ».* Texte établi et présenté par Carl Paul Barbier. Paris, NRF-Gallimard, 1964. *(« Nursery Rhymes »)*

Mallarmé (Stéphane), *Thèmes anglais pour toutes les grammaires.* Préface de Paul Valéry. Paris, NRF-Gallimard, 1937. *(Thèmes anglais)*

Merrill (Linda), *A Pot of Paint : Aesthetiecs on Trial in Whistler v. Ruskin.* Washington, Smithsonian Press et Freer Gallery of Art, 1992. (Merril, 1992)

Michon (Jacques), *Mallarmé et « Les Mots anglais ».* Montréal, Presses de l'université de Montréal, 1978. (Michon, 1978)

Mondor (Henri), *Vie de Mallarmé.* Paris, NRF-Gallimard, 1941. (Mondor, 1941)

Moore (George), *Confessions of a Young Man.* Londres, Swan Sonnenschein, 1888. (Moore, 1888)

Sherard (Robert Harborough), *Twenty Years in Paris.* Londres, Hutchinson, 1905. (Sherard, 1905)

Souffrin (Eileen), « La source des *Thèmes anglais* de Mallarmé », *Revue de littérature comparée,* janvier-mars 1955, pp. 107-108. (Souffrin, 1955)

Spencer (Robin), « Whistler and Japan : Work in Progress », *Japan in Art : an International Symposium.* Tokyo, Kodansha, 1980. (Spencer, 1980)

Steinmetz (Jean-Luc), *Stéphane Mallarmé. L'absolu au jour le jour.* Paris, Librairie Arthème Fayard, 1998. (Steinmetz, 1998)

Pour en savoir plus

Barbier (Carl Paul), « Mallarmé : *The impressionnists and Édouard Manet, 1876* », *Documents Stéphane Mallarmé,* I, 1968, pp. 57-86.

Barbier (Carl Paul), « Mallarmé : traduction de *Godiva* », *Documents Stéphane Mallarmé,* II, 1970, pp. 12-27.

CAWS (Mary Ann), « Translation and the Art of Friendship, Signed Mallarmé and Whistler », *Yearbook of Comparative and General Literature,* 1994, n° 42, pp. 109-126.

FAURE (Gabriel), « Mallarmé à Tournon », *Revue des Deux Mondes,* 1er mars 1937.

GILL (Austin), « Mallarmé fonctionnaire, d'après le dossier F 17 21231 des Archives nationales », *Revue d'histoire littéraire de la France,* janvier- février 1968, n° 1 (68e année), pp. 2-25, et mars-avril 1968, n° 2, pp. 253-284.

HODGART (Matthew) et COMBE (Thomas), « Mallarmé at Pembroke », *Pembroke College Cambridge Society, Annual Gazette,* décembre 1955, n° 29.

JEAN-AUBRY (Georges), « Banville, Mallarmé et leurs amis anglais », *Le Figaro,* 2 juin 1923.

JUSTIN (Henri), « C'est très Poe, cela », *Europe, revue littéraire mensuelle,* janvier-février 1998, nos 825-826 (76e année), pp. 158-168.

KEARNS (James), « "Tout mon esprit quoique étranger". Mallarmé's "English" sonnets », *Revue de littérature comparée,* avril-juin 1998, n° 286 (72e année, n° 2), pp. 147-159.

LAWLER (James), « Le "génie le plus divin" : notes sur Mallarmé et Poe », *Revue de littérature comparée,* avril-juin 1998, n° 286 (72e année, n° 2), pp. 137-145.

LLOYD (Rosemary), « Edgar Poe, "le pur entre les Esprits" », *Le Magazine littéraire,* septembre 1998, n° 368, pp. 35-37.

MALLARMÉ (Stéphane), *Les Mots anglais. Petite philologie à l'usage des classes et du monde.* Paris, Truchy, 1877.

Mallarmé, 1842-1898. Un destin d'écriture. Catalogue d'exposition sous la direction d'Yves Peyré. Paris, Gallimard-Réunion des musées nationaux, 1998.

MAURON (Charles), *Mallarmé.* Paris, Seuil, 1964 (1983), collection « Écrivains de toujours ».

MONDOR (Henri), *Mallarmé plus intime.* Paris, NRF-Gallimard, 1947.

OLDS (Marshall C.), *Desire Seeking Expression. Mallarmé's « Prose pour Des Esseintes ».* Lexington (Kentucky), French Forum Publishers, 1983.

OLDS (Marshall C.), « Mallarmé, traducteur de *Nursery Rhymes* », *Revue d'études françaises,* 2000, n° 5, pp. 79-85.

« Paul Auster, traducteur de Mallarmé », propos recueillis par Gérard de Cortanze, *Le Magazine littéraire,* septembre 1998, n° 368, pp. 33-35.

RYAN (Mariana), « John Payne et Mallarmé. Une longue amitié », *Revue de littérature comparée,* juillet-septembre 1958.

SOUFFRIN (Eileen), « Coup d'œil sur la bibliothèque anglaise de Mallarmé », *Revue de littérature comparée,* juillet-septembre 1958, pp. 390-396.

Turner, Whistler, Monet. Catalogue d'exposition sous la direction de Katharine Lochnan. Paris, Réunion des musées nationaux, 2004.

Ouvrage édité à l'occasion de l'exposition
My Mallarmé is rich. Mallarmé et le monde anglo-saxon,
réalisée par le Conseil général de Seine-et-Marne et présentée
du 23 septembre au 23 décembre 2006 au
musée départemental Stéphane Mallarmé
4, promenade Stéphane-Mallarmé, 77870 Vulaines-sur-Seine.

Commissariat de l'exposition :

Hervé Joubeaux,
conservateur en chef du patrimoine, musée départemental Stéphane Mallarmé,

avec la collaboration de Peggy Genestie

Secrétariat et comptabilité :

Laurence Canellas

Régie des œuvres et accueil :

Claude Bouchet,
Lionel Dautry,
Pierre David
et Grégory Laurette.

Liberté • Égalité • Fraternité
République Française

Culture
Communication

Conseil Général
SEINE & MARNE

musée de France

Remerciements

Le musée départemental Stéphane Mallarmé remercie très sincèrement

l'ensemble des prêteurs qui ont contribué
à la réalisation de cette exposition :

la bibliothèque littéraire Jacques-Doucet, Paris,
M. Yves Peyré, directeur

la Bibliothèque nationale de France, Paris,
M. Jean-Noël Jeanneney, président

le musée d'Art et d'Histoire, Saint-Denis,
Mme Sylvie Gonzalez, directrice

le musée des Civilisations de l'Europe et de la Méditerranée,
M. Michel Colardelle, directeur

le musée d'Orsay, Paris,
M. Serge Lemoine, président

ainsi que les prêteurs qui ont souhaité garder l'anonymat

les auteurs qui ont contribué au présent ouvrage :

Hubert Aupetit,
Mary Ann Caws,
Marshall Olds.

Nos remerciements s'adressent également à :

Isabelle Rambaud, directrice des Archives,
du Patrimoine et des Musées

Sophie Lecat, sous-directrice des Musées

Yvan Bourhis, photographe

Jacqueline Christophe, Fatima Dilmi, Gérard Guillot-Chêne,
Raphaël Lançon, Nathalie Leman, Marie-Dominique Nobécourt Mutarelli
et Brigitte Robin-Loiseau.

Le Conseil général de Seine-et-Marne soutient le développement culturel
à travers les cinq musées départementaux : le musée de Préhistoire d'Île-de-France,
le musée départemental Stéphane Mallarmé, le musée des Pays de Seine-et-Marne,
le musée de l'École de Barbizon et le jardin-musée Bourdelle.

Avec le soutien de la direction des Affaires culturelles
d'Île-de-France-ministère de la Culture et de la Communication

Crédits photographiques

Yvan Bourhis, direction des Archives,
du Patrimoine et des Musées départementaux,
conseil général de Seine-et-Marne toutes les pages sauf :
p. 20 : RMN
p. 29 : Suzanne Nagy
p. 55 et p. 61 : Bibliothèque nationale de France.

La photogravure a été réalisée par Quat'coul (Toulouse).
Cet ouvrage a été achevé d'imprimer sur les presses de Europrint (Italie) en septembre 2006.